Printed in the United States
By Bookmasters

بسم الله الرحمن الرحيم

الاشراف التربوي الحديث

أساسيات ومفاهيم

رقم الإيداع لدى المكتبة الوطنية (2009/1/250)

371 .2

خضر، رائد

الاشراف التربوي الحديث-أساسيات ومفاهيم/رائد يوسف خضر ،

عمان: دار غيداء ، 2009

( ) ص

ر:أ: (2009/1/250)

الواصفات :الاشراف التربوي/طرق التعلم//الادارة التربوية//التربية

*تم اعداد بيانات الفهرسة والتصنيف الأولية من قبل دائرة المكتبة الوطنية

دار غيداء للنشر والتوزيع

تلاع العلي- شارع الملكة رانيا العبد الله - مجمع العساف التجاري - الطابق الأول

تلفاكس: 2043535 6 269 +

خلوي: 143 95667 7 692 +

ص: ب: 520946 عمان 11152 الأردن

E-mail:darghidaa@gmail.com

الاشراف التربوي الحديث

أساسيات ومفاهيم

تأليف

رائد يوسف خضر

الطبعة الأولى

2011م-1432هـ

الفهرس

المقدمة

الحمد لله رب العالمين والصلاة والسلام على سيد المرسلين وعلى آله وصحبه أجمعين، فالحمد لله الذي أنعم علينا بنعمة الإسلام دين الحق والحقيقة والعلم والمعرفة، وبعث فينا رسولاً نقل أمتَّنا بمنهج الإسلام من الظلمات إلى النور، ويسَّرَ لنا نعمة العلم وهيَّأ لنا أسبابها في أنفسنا وفي بلادنا.

نعيش عصراً تفجرت فيه ينابيع العلم وأتسعت قنوات المعرفة، وتعددت فيه مشكلات الإنسان ومعوقات تقدمه، وتشعبت تطلعاته وطموحاته إلى حياة أكثر أمناً واستقراراً ورفاهيه وحيث أن فصول المدارس وقاعات الجامعات هي إحدى المواقع المهمة لتحصيل العم والمعرف، ويعد المعلمون وأساتذة الجامعات مصدر الخبرة والعلم والتعليم.

من هنا جاء الاهتمام بالعمل على هذا الكتاب في موضوع الاشراف الحديث من حيث (الأساسيات والمفاهيم) في العمل على تطوير العلمية مواقعها والتي تساهم إلى حد كبير في التنمية التعليمية والفكرية والابداعية لدى طلابنا وبالتالي تنعكس على مجتمعنا المحلي والعربي على حد سواء.

فقد تطرقت في العمل المتواضع إلى المشكلات والحلو في العملية التعليمية وماهيتها وذلك بناء على أسس ووفاهيم علمية عن طريق الاشراف التربوي الذي له الأهمية الكبيرة في ايجاد المشكلات وتحليلها والسبل العملية المناسبة والكفيلة بايجاد الحلول لها، والعمل على المساهمة في تطوير العملية التعليمية من خلال هذا القطاع، وللأشراف التربوي أنواع كثيرة ومهمات متنوعة تحدثت عنها وقمت بشرحها وتفصيلها بطرق عملية وعلمية، وهناك أيضاً جانب مهم وهو التدريب في مجال الاشراف التربوي الذي تطرقت له.

ولم نغفل طبعاً عن المشرف التربوي المعني بعملية الاشراف التربوي قد تم عرض سمات وخبرات والتدريب الذي يجب أن يتمتع به المرف التربوي وبعد ذلك مهامه وطرق عمله مع مهنته ومع المشرف عليهم من

المدارس والمدرسين وغيرهم. ومن المسؤول عنه وطرق التواصل بين أطراف المجتمع وبين المشرف التربوي، وطريقة التعامل بينهم

وتحديد المسؤوليات، وعلاقة مدير المدرسة بالاشراف التربوية والمشرف التربوي، والعلاقة بين التربية والتعليم والسطلات الحكومية في مجال الاشراف التربوي وكل حسب الإختصاص.

ولقد عرضت في نهاية الكتاب في مجال الاشراف التربوي الحديث وتطوراته وكيفية عمله والتدريب عليه من خلال نماذج في دول عربية وغربية واخترتها للاستفادة من تجارب الآخرين وأخذ المناسب منها لبيئته التعليمية.

وأخيراً، آمل من هذا الجهد المتواضع، أن يساهم في إفادة محبي العلم والمعرفة وذوي الاختصاص في العملية التعليمية، وأن يكون دافعاً في عملية تطوير الاشراف التربوي الحديث في مجتمعاتنا العربية والاسلامية.

المؤلف

الفصل الاول

الاشراف التربوي

مفاهيم وأهداف

الفصل الاول

تمهيد

تحظى السياسة التعليمية في الوقت الراهن بحركة تغير وتطور شاملة، تتناول مختلف جوانب العملية التعليمية وذلك في ضوء كونها منظومة تربوية متكاملة، ومتفاعلة لتحقيق التطوير في شتى عناصرها المختلفة وفي جميع المراحل التعليمية، ويؤكد خبراء التربية على شمولية عملية التطوير بحيث تشمل جميع عناصر المنظومة في وقت واحد.

ويعتبر الإشراف التربوي أحد العناصر الهامة في منظومة التربية فتنفيذ السياسة التعليمية يحتاج إلى إشراف تربوي فعال يعمل على تحسينها، وتوجيه الإمكانات البشرية والمادية فيها وحسن استخدامها والإسهام في حل المشكلات التي تواجه تنفيذها بالصورة المرجوة، كما يقع على الإشراف التربوي عبء توجيه المعلمين وإرشادهم أثناء الخدمة لمواجهة التغيرات العالمية المعاصرة في المعرفة العلمية والتكنولوجية وتوظيفها لخدمة العملية التعليمية وتحقيق أهدافها.

وإذا كان أي عمل من الأعمال يتطلب نوعاً من التوجيه والإشراف حتى يتحقق نجاحه ويصل إلى أفضل مستوى له، فأن عمل المعلم الذي يهدف إلى التربية الأجيال المتعاقبة وإعداد قوى المجتمع العاملة اللازمة لنهضته في مجالات الإنتاج المختلفة يكون أكثر حاجة إلى الإشراف التربوي على أسس سليمة.

وإذا كان التعليم في البلاد العربية ما يزال يعامي ضعفاً في بنيته من جوانب متعددة، لذا فقد ركزت تقارير الدول العربية على ضرورة تطوير العملية الإشرافية من خلال المؤتمرات والندوات التي عقدت تأكيد على أهمية الإشراف التربوي ودورة في العملية التعليمية، باعتباره أحد العمليات الأساسية للادارة التربوية المتطورة، ويدخل في صميم العملية الأساسية في تطوير والعمل التربوي.

وقد اتخذ الإشراف في التعليم أشكالا متنوعة من حيث مفهومه وأهدافه وأساليبه فبعد أن كان يهتم بمراقبة المعلمين وتقويم أدائهم، وتصيد أخطائهم، ظهرت اتجاهات إشرافية متعددة، كالإشراف العلمي الذي يستخدم الاختبارات والمقاييس الديمقراطية الذي يركز على احترام مشاعر المعلم وإعطاء مساحة أكبر للمفاهيم الانسانية والمشاركة الديمقراطية من جانب المعلم والمتعلمون، وتحول دور المشرف التربوي من مفتش الى موجه يهتم بتدريب المعلم على مهارات التدريس والاتجاهات الحديثة والمعاصرة التي تساعد على النمو المهني، لقد اتسعت مجالات الإشراف التربوي فشملت جميع جوانب العملية التربوية بالإضافة إلى جميع الظروف الخارجية المحيطة بها نتيجة لهذه التطورات التي طرأت على عملية الإشراف التربوي.

ويعد الإشراف التربوي مفتاح التقدم والتعليم وعليه تتوقف ممارسات المعلمين فإذا كانت أسس إعداد المعلم سليمة ومناسبة، فلا يمكن الاستغناء عن الاشراف كعملية مساعدة للمعلم حيث له التأثير الكبير في تحسين أساليب التعليم مما يحقق الأهداف التربوية.

فالأمر الهام في عمل المعلم ليس المنهج أو البرنامج الدراسي فقط بل المساعد على تنفيذ المنهج وطريقة التدريس، وكذلك تنمية معلوماته بكل ما هو جديد في هذا المجال، وهنا يلعب الإشراف التربوي دوراً بالغ الأهمية، ذلك نتيجة للتطورات السريعة في المعرفة وتكنولوجيا الاتصال.

مفهوم الاشراف التربوي

وقد حدثت تطورات كثيرة في الإشراف التربوي ارتبطت بعدة عوامل منها التغيير في مفهوم التربية، وتقدم البحوث التربوية، والايمان بالفلسفة التجريبية والاجتماعية السائدة في المجتمع، وهذه العوامل لم تنشأ منعزلة عن بعضها ولا

يمكن الفصل بينها، فهي دائما متداخلة تؤثر مجتمعة في التربية بصفة عامة والإشراف بصفة خاصة وأدى التفاعل فيما بينها إلى تطور مفهوم الإشراف.

وتعني كلمة الاشراف مباشرة الآخرين أو مراقبتهم أو توجيههم وإثارة نشاطهم بقصد تحسينهم، فالاشراف في التعليم يعرف بأنه " عملية توجيه وتقويم ناقد للعملية، والنتيجة الأخيرة للإشراف يجب أن يكون تزويد الطلاب بخدمات تعليمية أفضل تؤدي إلى زيادة التحصيل لديهم.

ويعرف الإشراف التربوي بأنه نشاط علمي منظم تقوم به سلطات إشرافية على مستوى عالي من الخبرة في مجال الإشراف يهدف الى تحسين العملية التعليمية ويساعد في النمو المهني للمعلمين من خلال ما تقوم به تلك السلطات من الزيارات المستمرة للمعلمين وإعطائهم النصائح والتوجيهات التي تساعدهم على تحسين أدائهم.

ويعتبر الإشراف التربوي عملية فنية، وقيادية، واستشارية، وإنسانية شاملة تهدف الى تقويم وتطوير العملية التعليمية والتربوية بكافة محاورها فهو:

عملية فنية: تهدف الى تحسين التعليم والتعلم من خلال رعاية وتوجيه وتنشيط النمو المستمر لكل من الطالب والمعلم والمشرف وأي شخص آخر له أثر في تحسين العملية التعليمية فنياً كان أم إدارياً.

العملية الإستشارية: تقوم على احترام رأى كل من المعلمين والطلاب وغيرهم من المتأثرين بعملية الإشراف والمؤثرين فيه، وتسعى إلى تهيئة فرص متكاملة لنمو كل فئة من هذه الفئات وتشيعها على الابتكار والابداع من ناحية والمشاركة في صناعة واتخاذ القرار من ناحية أخرى.

العملية القيادية: القدرة على التأثير في المعلمين والطلاب وغيرهم ممن لهم علاقة بالعملية التعليمية، لتنسيق جهودهم من أجل تحسين تلك العملية وتحقيق أهدافها.

العملية الإنسانية: تهدف قبل كل شيء الى الاعتراف بقيمة الفرد بصفته أنساناً، لكي يتمكن من بناء صرح الثقة المتبادلة بينه وبين المعلم، ليتحكم في معرفة الطاقات الموجودة لدي كل فرد ويتعامل معه في ضوء ذلك.

العملية الشاملة: وتهتم بجميع العوامل المؤثرة في تحسين العملية التعليمية وتطويرها ضمن الإطار العام لأهداف التعليم في المجتمع.

وهناك مفهوم تقليدي لإشراف وكان يطلق عليه التفتيش وهو توجيه المعلمين والاملاء عليهم ما يجب أن يفعلون والتفتيش عليهم ليرى المشرف ما اذا كانوا ما تلقوه من توجيهات أم لا، فالتفتيش هو استخدام السلطة في مراقبة أعمال المعلمين وتصيد أخطائهم وتوجيه النقد واتخاذ الإجراءات الادارية بحق المخالفين الذين يخرجون عن نطاق ما حدد لهم، وكان مهمته كشف نقاط الضعف لدى المعلمين وتصيد الأخطاء التي يقعون فيها من خلال زيارة خاطفه تستغرق فترة زمنية قصيرة.

ويعرف كارترجود Good في قاموس التربية أن الإشراف التربوي يتضمن جميع الجهود التي يبذلها القائمون على أمر التعليم، بتوفير القيادة المطلوبة لتوجيه المعلمين من أجل تحسين التعليم.

ويعرفه جيمس: بأنه الوسيلة التي تستخدم لمساعدة المعلمين وتحسين حالتهم المهنية والعملية.

ويرى ماركس: أنه عملية تطوير وتحسين موقف التعليم والتعلم الذي ينعكس بدوره في تحسين وتقدم نمو التلاميذ.

ويعرف هارولد سبيرن: الإشراف التربوي بأنه بيان لأوجه النشاط التي تهتم مباشرة بدراسة وتحسين الظروف التى تحيط بالمعلمين وبتعليم التلاميذ وغيرهم أو تلك العملية المنظمة المخططة الهادفة الى مساعدة المديرين والمعلمين على

اكتسـاب مهـارات تنظيـم تعلـم الطـلاب بشـكل يـؤدي الى تحقيـق الأهـداف التعليميـة والتربوية.

ويـرى أحمـد حجـي: الإشراف التربـوي بأنـه عمليـة إداريـة تشـمل كافـة مراحـل التعليـم وتنظيماته ومستوياته الادارية وكافة جنبات نظمه.

أما المنظمة العربيـة للتربيـة والثقافة والعلـوم: فقـد عرفتـه بأنـه عمليـة شـاملة للموقـف التعليمـي بكل عناصـره: المعلم، الطالب، المنهج، البيئة المدرسية، كـما أنـه أداة اتصـال وتفاعـل بـين المؤسسات التعليميـة والاداريـة، وتنميـة شـاملة لقدرات العناصـر المشاركة في العمليـة التعليميـة كـما أنه تحسين الواقع الميداني.

والاشراف الحديث يعني عمليـة تعاونية تتطلـب الثقـة والتقديـر المتبادل بـين المشرف والمعلم بما يمكنهما من الوصول الى مفاهيم مشتركة حول القضايـا التي تهمهما للعمل معاً بوصفهما زميلين متعاونين في الوصـول الى قرار، والاشراف التربـوي يعمل على النهوض بعمليتي التعليم والتعلم كلاهما بمعنى أن يشرف ويوجه نمو المدرسين في اتجاه يستطيعون معه باستخدام ذكاء التلاميـذ أن يحركـوا نمو كل تلميـذ، وأن يوجهـوه الى أغنى وأذكى مساهمة فعالة في المجتمع وفي العالم الذي يعيشون فيه.

ويعرف الاشراف التربـوي بأنـه العمليـة التـي يتـم فيهـا تقـوم وتطويـر العمليـة التعليميـة ومتابعة تنفيذ ما يتعلق بها لتحقيـق الأهـداف التربويـة وما يشـمله مـن عمليـات تجري داخـل المدرسـة سواء كانت إداريـة أو تدريبية أو تتعلـق بـأي نـوع مـن أنـواع النشـاط التربوي في المدرسـة وخارجها والعلاقات والتفاعلات الموجودة فيما بينهما، وتعتبر عمليـة الإشراف تنسيق الجهود وأعمال هيئات التدريس وذلك لتحاشي التضارب والتكرار ولتلافي إضاعة الوقت والجهد.

كما يعرف الاشراف التربـوي بأنـه الجهود الدائمـة المنظمـة التـي ترمـي إلى مسـاعدة العاملين بالمدرسة وتوجيههم وتشجيعهم على تنمية ذاتهم التنمية التي

تتحقق بعملهم الدائم المتواصل على أسس سليمة مع التلاميذ لتحقيق الأهداف التربوية المطلوبة.

ويرى البعض أن الإشراف التربوي عملية قيادية ديمقراطية تعاونية منظمة تهتم بالمواقف التعليمية بجميع عناصرها من مناهج ووسائل وأساليب وبيئة ومعلم وطالب وتهدف الى دراسة العوامل المؤثرة في ذلك الموقف وتقيمها للعمل على تحسينها وتنظيمها من أجل تحقيق أفضل الأهداف التعليمية.

ولذلك نرى أن الاشراف التربوي يتضمن:

خدمة تربوية: فالمشرف يوجه الفرد ويرشده، ويعمل على إعداد الظروف لنمو المهني، ونمو التلاميذ في الاتجاهات السليمة.

عملية تعاونية: فالمشرف والمعلم زميلان في المهنة يتعاونان في العمل لتحقيق الأهداف المنشودة والارتقاء بمستوى التعليم والتحصيل للتلاميذ.

خدمة اجتماعية: فالمشرف يوجه عنايته لدراسة ظروف التلاميذ خارج المدرسة أو عدم قدرتهم على عدم التكيف الاجتماعي في المدرسة لتحقيق التكيف مع واقع وظروف المدرسة.

وسيلة لتحقيق أهداف التعليم والتعلم: مهمة المشرف معاونة المعلم على فهم وتحقيق أهداف التعليم.

وهنالك اختلاف في تعريف التربويين للاشراف التربوي وتتباين الاتجاهات والمفاهيم حسب نظرتهم إليه وفهمهم له وإلمامهم بجوانبه، وتحليلهم لإطاره ومضمونه، فمنهم من جعله يقتصر على مباشرة التعليم داخل حجرة الدراسة وتقدير عمل المدرسين، ومنهم من جعله يمد المدرس داخل حجرة الدراسة وتقدير عمل المدرسين، ومنهم من جعله يمد المدرس بما يحتاج إليه من المساعدة، وهناك من جعله يستهدف تزويد التلاميذ في جميع المراحل بمستوى أفضل من الخدمات التربوية.

ومن الجدير بالذكر أن نعرض لما كتبه بعض المختصون عن طبيعة الاشراف التربوي، ووظيفة في صورة تعاريف، ومع كونها كثيرة، ولا يمكن حصرها فأننا سنكتفي بذكر البعض منها:

1. الاشراف التربوي يستعمل لوصف كل النشاطات التي تختص مباشرة وبصورة أساسية بتحسين الشروط المتصلة بعملية التعليم والتعلم، أو بالأحرى دراسة جميع العوامل التي تؤثر في تحسين المواقف التعليمية.

2. الاشراف التربوي يساعد في تحسين الموقف التعليمي من أجل التلاميذ، والاشراف التربوي خدمة تقوم على أساس معاونة المعلم كي يستطيع أداء عملة بطريقة أفضل باستخدام الوسائل التعليمية أفضل استخدام.

3. الاشراف التربوي هو الوسيلة التي نهدف الى تقويم وتحسين الظروف التي تؤثر على التعليم، والاشراف التربوي خدمة فنية يقوم بها متخصصون وتهدف بصفة رئيسية الى دراسة كل ظروف التي تؤثر على نمو المعلمين وتحسينها.

4. الاشراف التربوي في التعليم يعرف بأنه " المجهود الذي يبذله لإثارة اهتمام المعلمين وتنسيق وتوجيه نموهم المستمر حتى يصبحوا أكثر فهماً لوظيفة التعليم وحتى يمكنهم أداء أعمالهم بطريقة أكثر فاعلية وتوجيه نمو التلاميذ المستمر نحو المشاركة الذكية الفعالة في بناء المجتمع الديمقراطي الحديث.

5. الاشراف التربوي يعمل على إعداد برنامج تعليمي يلائم حاجات التلاميذ وعلى توفير الأدوات والوسائل التي تمكن التلاميذ من التعلم بطريقة أكثر فعالية وسهولة وبمعنى آخر أن الإشراف التربوي يهدف الى تحسين عمليتي التعليم والتعلم.

وبصفة عامة يمكن تعريف الاشراف التربوي بأنه " تنسيق وإثارة اهـتمام المعلمـين وتوجيـه نموهم بقصد توجيه نمو التلاميذ ليتمكنوا من المشاركة بصورة فعالة في المجتمع الذي يعيشون فيـه وبذلك فالاشراف التربوي مجهود منظم مستمر لتشجيع المعلمين على النمو الذاتي كي يصـبحوا اكـثر فاعلية في تحقيق الأهداف التربوية" .

ويقوم المفهوم الحديث للاشراف التربوي على أساس أنه مفهوم حي ديـنـامي متطـور ولـيس مفهوم جامد كما كان الأمر في ظل مفهوم التفتيش وما يميز المفهوم الحديث للاشراف التربـوي هـو الآتي:

- يستهدف الاشراف التربوي عدم تصيد الاخطاء.
- يتركز حول مساعدة المعلمين على النمو المهني وتحسين مستوى أدائهم وتدريبهم.
- يتميز بالطابع التجريبي والاسلوب العلمي، وهذا يعني أن تكون الممارسـات التربويـة الجارية موضع تساؤل مستمر وأن تضع موضع الاختبار والتقويم والبحـث والتحليـل العلمي.
- يستمد المشرف التربوي سلطته ومكانته من قوة أفكـاره ومهارتـه المهنيـة ومعلوماتـه المتجددة باستمرار وخبراته النامية المتطورة ومدى تأثير كل ذلك في المعلمين.
- يقوم على أساس المشـاركة والتعـاون بـين المعلـم والمشرـف وهـذا يتطلـب أن تكـون العلاقة بينهما على أساس ديمقراطي وأن تكون الصـلة بيـنهما عـلى أسـاس قـوى مـن العلاقات الانسانية الصحيحة.
- يتبنى برنامجاً متكاملاً مخططاً لتحسين العملية التربوية وإنشـاء برنـامج تعليمـي أكـثر ملائمة لحاجـات التلاميـذ في مجتمـع ديمقراطـي حـديث، فالمشرـف يسـتخدم أسـاليب متنوعة مثل الزيارات والمؤتمرات

والنـدوات والاجتماعـات والمناقشـات وتبـادل المعلومـات والخـبرات ومـا شـابه ذلـك، والاشراف الحديث الشامل يكون فيه المشرف التربوي مسئول عن عدة مدارس يتابعها في المجالات الادارية المختلفة.

- يستند على أن المعلم ليس هـدفاً في ذاتـه و إنمـا هـو وسـيلة لتحسـين مستوى أدائـه والارتقاء بمستواه.

- يعمل على نحو أكثر سهولة وفاعلية.

- المشرف قائد تربوي يُعد كمرشد ومستشار للمعلمـين ومثير لنشاطهم في محاولتهم لتحسين العملية التعليمية.

- وهذه النظرة الشمولية للاشراف التربوي ترى أن العملية الاشرافية عملية تشاركية تتم عن طريق تفاعل أطراف العملية التعليمية وتسعى الأهداف التربوية لخدمة الاجيال الحالية والمستقبلية.

- أسس الاشراف التربوي الحديث.

- يقوم الاشراف التربوي بمفهومه الحديث على أسس تربوية هامة منها:

1. الايمان بأهمية العمل التعاوني أي تعاون المعلم ومدير المدرسـة والمشرف التربـوي في اطار مفهوم العمل الجماعي المشترك القائم على تبادل الخبرات.

2. توفير البيئة التربوية والتعليمية الصالحة التـي تسـاعد عـلى تهيئـة الفرصـة لنمـو التلميذ نمواً متكاملاً، ويتطلب تحقيق ذلك أن يكون للاشراف دور واضح في إزالـة العقبات التي تواجه العملية، وفي توفير الظروف المادية والبشرية التي تساعد عـلى توفير البيئة الصحية.

3. معاونة المعلـم عـلى زيادة فهمـه لأهـداف العمليـة التعليميـة، ودراسة المنـاهج وتحليلها واقتراح وسائل تحسينها، والوقوف على أحداث الطرق التربوية والاستفادة منها في تدريس تخصصه.

4. التنسيق بين المعلمين على أساس توزيع الكفاءات المهنية على المدارس بشكل يحقق تكافؤ الفرص بين المؤسسات التعليمية أي استفادة كل مدرسة من الخبرات المطلوبة.
5. تشجيع الاستقلال الفكرى للمشرفين والمعلمين على أساس علمى سليم يحترم قيمة الفرد ويعلى من الشخصية الانسانية.
6. اتباع الأسلوب الديمقراطي في عملية الاشراف، فالاشراف ليس إملاء بما يريد المشرف أو مدير المدرسة، وليس صباً للمعلمين في قوالب كما يراه المشرف، أي الاحترام المتبادل بين المعلم ومدير المدرسة والمشرف التريوي.
7. شمول الاشراف التربوي للجوانب الفنية والادارية من عمل المعلم، وكذلك لما يقوم به المعلم داخل الفصل وخارجه، ولعلاقات المعلم بالمدير والتلاميذ وزملائه المعلمين والبيئة المدرسية.
8. التأكد من قيام المعلم بدوره التربوي بشكل يتفق وخصائص التلميذ.
9. العمل على توفير فرص النمو المهني والكاديمي والثقافي للمعلمين، وذلك بتضافر جهود كل من إدارة المدرسة والتوجيه ونقابات المعلمين وروابطهم في عملية الاشراف.

أهمية وأهداف الاشراف التربوي:

إن التطور الكبير الذي حدث في علوم التربية ودخول التجارب المتنوعة فيها أدى ذلك الى تطوير أساليب التدريس الحديثة لتتمشى مع نتائج البحوث التربوية والنفسية وهذا التطور يحتاج الى الاختيار المناسب والمفيد للمواقف التعليمية المختلفة مما يؤدي الى جودة الاشراف التربوي، وتعد عملية الاشراف من العمليات

الهامه سواء بالنسبة للمشرفين أو المعلمين ويرجع أهمية هذه العملية للمبررات والدوافع التالية:

- عدم توصل المعلمين إلى الأداء المهني الجيد المطلوب والمتوقع منهم.

- عدم إلمام المعلمين الجدد إلماماً كافياً بالمعلومات والطرق اللازمة في عملية التدريس، وعدم إلمامهم بتكنيك وفنيات التدريس التي تحتاج الى الوقت والخبرة والوسائل التعليمية التي تساعد في التدريس.

- إن كل عمل من الأعمال في جميع الميادين لا بد له من مشرف أو أكثر وهكذا مهنة التدريس التي تقوم بتوجيه عقول التلاميذ وتعليمهم لوجود الخبراء من المشرفين وخصوصاً أن المعلم يتعامل مع البشر فهو بحاجة الى توجيه ورعاية.

- بعض المعلمين يعانون من ضعف في مادة التخصص وكذلك في مستوى أعدادهم للدروس وفي قدراتهم على حفظ النظام داخل الفصول مثل هؤلاء المعلمين يحتاجون للاشراف لتحسين حالهم وتدعيم ثقتهم بأنفسهم وإحياء الطموح المهني لديهم، وهؤلاء يحاول المشرف في تعامله معهم مساعدتهم لاكتشاف نقاط ضعفهم تمهيداً لعلاجها، كما يمدهم بالأفكار البناءة وكذلك يكرر زيارته الصفية لهم مع عرض دروس نموذجية أمامهم.

- من خلال الاشراف يصبح المعلمون مطلعين على المصادر التي تساعدهم على حل مشاكلهم وهذه هي حقيقة الاشراف الجيد الذي يساعد المدرسين على الاعتماد على أنفسهم بدلاً من الاعتماد على غيرهم، كما ينمي الشعور بالثقة لدى المعلمين بواسطة مساعدتهم على أداء الاشياء بنجاح بأنفسهم.

- توجيه المعلم وإرشاده والعمل على تهيئة الظروف الملائمة لنموه المهني ونمو تلاميذه في الاتجاهات السليمة، كما تهدف الى مساعدة المعلمين لاكتساب الكفاية الذاتية والمهارة التي تمكنهم من تقديم أحسن الخدمات التعليمية.

- يعمل الاشراف التربوي على الأخذ والعطاء والتشاور وتبادل وجهات النظر فيتعاون المشرف والمعلم والتلاميذ في جو من الاحترام والود والثقافة المتبادلة لتحقيق أهداف المدرسة وهو وسيلة لخلق جو من التفاهم والتعاطف والاحترام المتبادل، ومن أحد دعائم الاشراف الأساسية احترام شخصية الفرد ومراعاة حاجاته الشخصية، وإيمان المشرف بأن كل الناس يتحسنون ويتقدمون عن طريق التعلم.

- حل مشكلات المعلمين والتلاميذ وتطوير المناهج وتحسين الوسائل السمعية والبصرية وتنمية خدمة البيئة والمجتمع، وتوفير القيادة التربوية لتنسيق جهود المعلمين وتيسير نجاحهم في تحقيق رسالتهم على نحو يرفع من شأنهم وذلك بتوفير فرص التدريب والاتصال بالحياة الخارجية والحد من العزلة الفكرية والتشجيع على الابتكار والتجريب من أجل تحسين مستوى التعليم.

- تحقيق الأهداف التربوية التي تعمل المدرسة على تحقيقها وذلك عن طريق الاهتمام بنمو المعلمين وإثارة اهتمام بالتقدم المهني ومساعدتهم على تفهم أساليب الأداء وممارسة أوجه النشاط المختلفة ودعم كمواطن قادرين على المشاركة في بناء تقدم المجتمع.

- يساعد الاشراف على الارتقاء بجودة التعليم من خلال توفير ظروف تعليمية أفضل لتمكين الأطراف من المساهمة في العملية التربوية والقيام بأدوارهم بشكل فعال.

–   إن التطور الهائل في حقل المعرفة جعل مهمة المعلم صعبة فهو لا يستطيع تأدية عمله، دون أن يكون هناك تعاون بينه وبين الاشراف التربوي ويرى كثير من العاملين في الحقل التربوي أنه لم تقتصر وظيفة الاشراف على تقويم المعلمين داخل الفصل، كما كان سائداً وإنما شملت مجالات متعددة خارج حجرات الفصل والمدرسة.

ويهدف الاشراف التربوي الى تحسين عملية التعليم والتعلم من خلال تحسين جميع العوامل والمؤثرة عليها ومعالجة الصعوبات التي تواجهها وتطوير العملية التعليمية في ضوء الأهداف التي تضعها وزارة التربية والتعليم أو في ضوء الفلسفة التربوية السائدة ويستهدف الاشراف التربوي ما يلي:

مساعدة المعلمين على النمو المهني:

ويسهم الاشراف التربوي في تنمية المعلمين وتدريبهم بشكل فعال في المجالات الاتية:

أ.   نقل الأفكار والأساليب ونتائج التجارب والأبحاث التربوية الى المعلمين وإثارة اهتمام بها.

ب. تدريب المعلمين على أداء بعض المهارات التعليمية وعقد الدورات التدريبية لهم ورفع مستوى أدائهم لهذه المهارات.

ج. مساعدة المعلمين على ابتكار الوسائل التعليمية التي تحتاجها الموضوعات التي تشملها المقررات الدراسية من خلال البيئة المحيطة بالمدرسة.

د.   مساعدة المعلمين على إجراء الاختبارات وطرق إعدادها وطرق تحليل نتائجها.

هـ. التمييز بين الغاية والوسيلة: فالتدريس في حد ذاته ما هو إلا وسيلة لغاية وهي نمو التلاميذ في المجالات المختلفة ليوظفها بدوره في حياته الاجتماعية من خلال تفاعله مع المجتمع.

و. الربط بين مواد الدراسة ليتمكن المدرس من رؤية مادته الدراسية في وضعها الصحيح مع سائر المواد الدراسية الأخرى وكذلك انسجامها مع جميع جوانب المنهج الدراسي.

ز. تشجيع المعلمين على التفكير والتجريب المهني على أسس علمية مدرسية وتفكير سليم واستخلاص النتائج.

احداث التغيير والتطوير التربوي:

فالمشرف هو أساس عملية التطوير والتغيير التربوي فهو بحكم خبرته ومركزه قادر على الاطلاع على المستحدثات التربوية وخلاصة الأبحاث مما يجعله قادراً على تطبيقها وتجربتها وإطلاع المعلمين عليها ومساعدتهم على ممارسة الأساليب والأفكار الجديدة وتهيئه أذهانهم لتقبل التغيير والتطوير، وذلك للحد من مقاومة التغيير حيث هناك مجموعة من المعلمين تكون لديهم الرغبة الشديدة في مقاومة التغيير.

تحسين الظروف المدرسية:

تؤثر الظروف المدرسية على المواقف التعليمية فيها ولذلك يهتم المشرف التربوي بعمل ما يلي:

أ. تحسين علاقة المعلمين بعضهم ببعض ومع مدير المدرسة.

ب. تشجيع المعلمين على المشاركة في اتخاذ القرارات المتعلقة بإدارة المدرسة وتشجيع قيامهم بنشاطات إدارية متعددة.

ج. تشجيع المعلمين على استخدام طرق وأساليب تربوية حديثة في معالجة مشكلات الطلاب السلوكية والابتعاد عن العقوبات البدانية مما يشعر التلاميذ بالثقة وبأهمية تفاعلهم مع المدرسة.

د. مساعدة المعلمين والاداريين في المدرسة على تخطيط برامج ثقافية واجتماعية متعددة تجعل جو المدرسة مليئاً بالنشاط والحيوية.

ه. يمثل عامل الصلة بين الادارة التعليمية والمدرسية، كما يجعل الادارة تطلع على تقدم المدرسة من وقت لآخر.

و. يساعد المعلمين على ضبط الصف الدراسي وإدارته.

ز. كتابة التقارير عن واقع المعلمين التي تساهم في مكافأة الجيد وعقاب السيء.

توضيح أهداف التربية:

الهدف الرئيسي للتدريب هو تحقيق النمو المتوازن للطلاب من جميع النواحي وتتمثل وظيفة الاشراف التربوي في توضيح هذه الأهداف للمعلمين ومساعدتهم على معرفة الأهداف والوسائل والقيم التي يمكن تحقيقها من خلال المواد الدراسية.

الربط بين المواد الدراسية:

حيث يسهم الاشراف التربوي في ربط المواد الدراسية بعضها البعض ثم ربطها بالبيئة الاجتماعية المحيطة وتحقيق الانسجام في جميع جوانب المنهج المختلفة وتحقيق التكامل بين مختلف مما يؤدي الى وحدة الخبرة وتكاملها.

بناء قاعدة أخلاقية بين المدرسين:

أساسها التفاعل الايجابي والعمل الجماعي بين المشرف والمدرسين والطلاب، بحيث تضع هذه العلاقة أصولا لمهنة التدريس قائمة على الاحترام،

والتعاون في كل ما يتعرض المدرسة من مشكلات وفقا للأهداف العامة المنشود تحقيقها.

تقويم نتائج التدريس:

يتم التقويم المدرسي من خلال تقويم عمل المدير، وتقويم عمل المعلم، وتقويم المدير للمعلم، ويتم ذلك من خلال وسائل مختلفة، كالملاحظة والمناقشة، واعتماد الاختبارات الموضوعية لقياس تحصيل التلاميذ بهدف مساعدة المعلمين على النجاح في أعمالهم وموضوعات القياس المختلفة منها التزام المعلم تجاه المبادئ والمثل العليا وما يتحقق من الهداف التربوية المنشودة تحقيقها والمستوى التعليمي والاجتماعي الذي وصل إليه الطلاب ومستوى الكفاءة الذي وصل إليها المدرسون.

ومما سبق تستخلص مجموعة من الاهداف التي تحقق الاشراف التربوي الجيد وهي كما يلي:

- تحسين وتطوير الموقف التعليمي بجميع جوانبه وعناصره الفنية.

- تنفيذ الخطط التي تضعها وزارة التربية والتعليم للتدريب بصورة ميدانية.

- مساعدة المعلمين على النمو المستمر من خلال العلاقات الانسانية أي الارتقاء بمستوى أداء المعلم ومعاونته على النمو العلمي والمهني.

- تقديم الخبرات الناجحة ومعالجة الخطاء في الاداء.

- تحسين عملية التدريس مع التركيز على زيادة نمو المشرف والمعلم مهنياً وشخصياً.

- تحسين أداء النظام التعليمي أو التطوير نحو تحقيق مزيد من الفاعلية والكفاءة والانتاجية وهي العناصر الثلاثة الرئيسة لمفهوم الجودة في التربية.

- الارتقاء بمستويات الأداء المهني والفني والاداري للمدرسيين والاداريين والتركيز على أكثر الطرق والوسائل والمناهج العلمية، والاكثر ارتباطاً بميول الطلبة وحاجات المجتمع.

- تقييم أداء المؤسسات التعليمية واقتراح خطط التعديل والتوجيه والتطوير في ضوء الأهداف العامة للتربية في المجتمع.

- إمعان النظر (من قبل المشرفين والمعلمين) في غايات التربية والهداف العليا للعملية التربوية، ومحاولة ربط نشاطاتهم بالاتجاه العام للحركة العملية والثقافية والتربوية في مجتمعاتهم.

- تعزيز مفاهيم المشاركة والتعاون والتشاور والعمل الجماعي بروح الفريق.

- تحسين مواقف التعليم لصالح التلميذ، وهذا التحسين لا يكون عشوائيا، بل لا بد من تخطيطه، لا بد من تقويم لهذا التحسين المخطط، والمبني على أساس التقويم السليم، لعل تحسين هذه الأهداف تكون على عاتق المشرف التربوي، ولن يستطيع تحقيقها ما لم يكن مؤهلا لذلك من خلال الخبرة الكافية، والكفاءة المهنية، بالإضافة الى المؤهلات العلمية التي تتناسب مع ما يقوم به من عمل، إلى جانب تمتعه بالصفات الشخصية التي تمكنه من أداء عمله بنجاح من بينها الأمانة، والذكاء، والمسئولية والمثابرة، والأصالة، والمبادأة، وسعة الأفق، والاعتزاز بالنفس واحترام النفس، وإضافة الى ذلك الاطلاع الواسع والنضج الذهني، والنضج الفكري، ثم تقديره لمشاعر الاخرين، وقدرته على الاقناع، والقدرة على كسب احترام الاخرين.

- الوظائف والعمليات الاساسية في الاشراف التربوي.

- يوجد العديد من وظائف المشرف التربوي واهم المبادئ والأسس التي يجب مراعاتها في سبيل تحقيق الهداف السابقة يقوم المشرف بوظائف رئيسية أهمها:

1. ابتكار أفكار جديدة وأساليب مستحدثة لتطوير العلمية التربوية وما يرتبط بذلك من وضع الأفكار والأساليب موضع الاختبار والتجريب كما يقوم بنشر المعلومات الجديدة والأفكار المستحدثة ويعمل المشرف التربوي على الابتكار والبناء باستمرار على دفع عجلة العمل التربوي الى المام.
2. معالجة أي خطا في الممارسات التربوية، وليس معنى هذا أن ينصرف هم المشرف التربوي الى تصيد الأخطاء كما كان يفعل في الماضي وإنما عليه بحكم خبراته وتجاربه أن يكتشف ما يطرأ عليه من جوانب سلبية وما يراه من فجوات والأهم من هذا أن يقدم اقتراحاته البناءة لمعالجة هذه السلبيات وسد تلك الفجوات.
3. مساعدة المعلمين الجدد على التكيف مع عملهم الجديد بنجاح والقيام بمسؤولياتهم بكفاءة وتنبيههم الى ما ينبغي عليهم عمله وما يتوقع منهم وما لا يتوقع.
4. توجيه المعلمين الجدد لأن عملية التوجيه بالنسبة لهم عملية ضرورية لبقائهم واستمرارهم ولمساعدتهم على التأقلم مع العمل مما يشعر التلاميذ بالثقة وبأهمية تفاعلهم مع المدرسة.
5. تطوير علاقة المدرسة بالبيئة المحلية المحيطة بها، لأن المدرسة جزء من المجتمع المحلي ولا تستطيع أن تنعزل عنه، والمشرف التربوي يستطيع العمل على تطوير علاقة المدرسة مع المجتمع عن طريق:

أ. تشجيع المعلمين على فتح أبواب المدرسة للمجتمع عن طريق إقامة الندوات والمحاضرات والتثقيف الصحي، وكذلك فتح المكتبة وفصول محو الأمية.

ب. تشجيع المدرسة على المشاركة في المسابقات العلمية والأدبية والفنية وكذلك العمل على إجراء الأبحاث والدراسات حول بعض القضايا الاجتماعية الهامة في المجتمع.

6.تقويم المعلمين حيث يعتبر تقويم المعلمين من الواجبات الأساسية للمشرف التربوي لذلك يجب أن يتبع في ذلك التقويم طريقة تتسم بالذاتية ومن أهم خطوات تقويم المعلمين ما يلي:

أ. تحديد الأهداف التي ترمى إليها من وراء التقويم مما يعكس الفلسفة التربوية التي تأخذ بها.

ب. التوصل الى معايير موضوعية يمكن أن تُقاس بها جوانب الكفاءة المنشودة في المعلم.

ج. دراسة نتائج التقويم مع المعلم نفسه ومناقشته فيها، ووضع برامج لتوجيه المعلمين في ضوئها.

7.زيارة الفصل وهناك عدة عناصر ينبغي أن يضعها المشرف في اعتباره عند زيارته للمعلم في الفصل، ومن خلال هذه العناصر ينبغي أن يوجه نظره في ملاحظته لسلوك المعلم وعلى أساسها يمكنه أن يكون فكرة عامة شاملة عن الجوانب الايجابية والسلبية في أداء المعلمين ومن ثم يستطيع أن يوجهه على أساس سليم.

8.إدخال التغييرات التربوية التي تساعد على التجديد التربوي على أي مستوى، فالمشرف التربوي يجب أن يكون مطلعاَ دائماَ الى الأفضل والسعي لتحقيق ذلك من خلال توجيهاته للمعلمين.

وتتعدد وظائف الاشراف التربوي، وتتنوع حسب موقع كل مشرف في الهيكل التنظيمي، ويعد تقويم المعلمين والطلاب الوظيفة الأساسية للاشراف وتشمل وظائف الاشراف ما يلي:

توجد مجموعة من العمليات التي تتم داخل الاشراف التربوي وهي:

1. الاشراف التربوي كعملية تخطيطية:

تعتبر عملية التخطيط والتنظيم ضرورة في مجال الاشراف التربوي فمن المنطقي والأساسي أن يستند الاشراف التربوي على وضوح الرؤية والتبصر بالأهداف وإجراءات العمل التدريسيـ والاشراف في نفس الوقت ويعد التخطيط المفتاح الرئيسيـ لتحقيق أهداف أي مشروع تربوي وكلما ازداد الاهتمام بالتخطيط، كلما ضمنت المشروعات التربوية تحقيق أكبر قدر من الأهداف المرجوة.

وتعتبر وظيفة التخطيط من الوظائف الرئيسية بالنسبة للمشرف التربوي فلا يستطيع أن يعمل بدون هذه الوظيفة فهو يواجه المشكلات التعليمية بعناصرها وأبعادها المتداخلة والمتشابكة والمتباينة سواء كانت بالمعلمين وإعدادهم وخصائصهم أو التلاميذ ونشأتهم وخصائصهم أو المقررات الدراسية وتوزيعها أو غير ذلك من الأمور التي تتطلب تخطيطاً سليماً ولكن على المشرف المخطط أن يراعي بعض الجوانب الهامة في عملية التخطيط.

أن التخطيط يعمل على تحسين العملية التعليمية فليس هناك مثل أعلى وأنه يكون تخطيطه إبداعياً ومبتكراً وأن يكون شاملاً للموضوع المراد تخطيطه، وفي هذا لابد من التعاون مع زملائه المشرفين أو مديري المدارس أو المعلمين أو كل من له علاقة بهذا الموضوع، حيث تتضح الأهداف التربوية للمشرف التربوي.

كما لا بد أن يقوم التخطيط للاشراف على معرفة التلاميذ ومرعاة ظروفهم ومعرفة المعلمين وظروفهم وعلى إمكانيات المدرسة وإمكانيات البيئة،

فهذه الأمور لا بد من مراعاتها للتخطيط للاشراف فالمشرف وسيلته في التنفيذ المعلمين والامكانيات في المدرسة.

واتباع التخطيط في الاشراف التربوي يهدف الى وضع الخطوط العامة للدورات الاشرافية وحسن التوقيت والبرمجة واختيار المعايير ونقدها وانتقاء وسائل التقييم المناسبة والتجريب عليها وربط كل ذلك بالخطوط العامة لأهداف التربية.

2. الاشراف التربوي كعملية تنظيمية:

التنظيم فهو عملية متكاملة تشمل تنظيم قنوات الاتصال بين أجهزة الاشراف والهيئات التدريسية والادارية والخدمات المساعدة والتجهيز والصياغة والموارد، بالإضافة الى كل ما يمت بصلة الى العملية التربوية ويشمل التنظيم جدولة المواعيد والفئات المطلوب تقييم أدائها والاتصال بالمدارس وتهيئة الامكانيات للمدرسين قبل الحكم على نتائجهم، ويشمل التنظيم أيضاً الاتفاق على استمارة تقييم الأداء والبنود التي تحتويها والمواجهة والمناقشة وإمكانيات التجريب وطرح البدائل ومتابعتها.

فالتنظيم من الوظائف المهمة في الاشراف التربوي ويتوقف تحقيق أهداف الاشراف التربوي على حسن التنظيم المستمر، والاعتراف بالدوافع الانسانية التي تؤثر في سلوك الأفراد.

ولذلك يعرف المشرف التربوي بأنه الرجل المنسق حيث يقوم بدور تنسيق بين إدارة التعليم وإدارة المدرسة، كما يقوم بتنسيق جهود المعلمين بما يتضمن تحاشي التناقض أو التكرار، وتنسيق الأنشطة الصفية واللاصفية، وكذلك التنسيق بين المدارس ونقل الخبرات وتحسينها.

3. الاشراف التربوي كعملية تدريبية:

عملية الاشراف التربوي مترابطة تبدأ بالتدريب والاعداد قبل الخدمة ثم التدريب أثناء الخدمة، ويهدف الاشراف التربوي الى تحسين مستوى الأداء لدى المعلمين وغالباً ما يحدث ذلك مع التطورات في المناهج والنظريات والأفكار التربوية، كما أن المشرفين التربويين بحكم اتصالهم الوثيق بالمدارس وواقع التعليم وأحوال المعلمين في مركز يسمح لهم بالأسهام المفيد في عمليات التدريب أثناء الخدمة، أو عند اختيار المعلمين لأنواع التدريب أو تحديد الحاجات وأولويات وأهداف التدريب وميادينه وأساليبه.

وتتم هذه العملية وفق أسس مبادئ العمل التربوي من نظريات وكفايات وتتكامل عملية التدريب مع عملية التوجيه التي تشمل المدرسين المبتدئين والقدامى في ثلاثة مجالات رئيسية هي:

أ.   المادة الدراسية.

ب.   الأساليب والطرق والوسائل.

ج.   الجوانب النفسية والتربوية.

4. الاشراف التربوي كعملية تقويم:

وتعتبر عملية التقييم والمتابعة العملية الختامية في دورة الاشراف التربوي، وهي بداية التخطيط للدورة القادمة، وتعتبر عملية التقييم للجهد أو الأداء التربوي من أصعب وأشق الأمور وهي ليست بالبساطة التي يتصورها بعض المشرفين والمدرسين والاداريين، فهي لا تقتصر على مجرد ملء استمارة أو ترميم هامش من البنود، بل هو جهد دؤوب ومتواصل لتقييم الجوانب المختلفة للاداء المدرسي وتقدم طلابه وأثر التعليم في نمو شخصياتهم وشخصية مدرسهم على السواء، ويعتبر العامل الحاسم في نجاح عملية التقييم هو عنصر المتابعة الميدانية لمدى استفادة المدرس والطلاب من عمليات الاشراف.

فالتقويم عملية إنسانية اجتماعية ذات أسس وأصول وخطوات وتهدف الى الوصف والعلاج، ولذا فهي تهدف الى تحسين العملية التعليمية عامة والموقف التعليمي خاصة، وفي مجال الاشراف التربوي يجب أن يتفق الجميع على معايير التقويم وأسسه، ويقتنعوا بفاعلية ومدى صدقه في الوصول الى أحكام علمية موضوعية سليمة.

والوزارة تهتم بعملية التقويم والمتابعة حيث يقوم المشرفين التربويون في الوزارة بزيارات للمناطق التعليمية للاطمئنان على حسن سير الدراسة والعمل في المدارس، والاطلاع على أعمال المشرفين في المناطق التعليمية والتعرف على توافر الكتب والوسائل وغيرها وترشد من يحتاج الى ترشيد وذلك من خلال اللقاءات التي تتم بين المشرف التابع للوزارة والمشرفين في المناطق التعليمية ومن خلال زيارة عينات من المدارس في المنطقة والاجتماع بالمديرين والمدرسين والاطلاع على أعمالهم وأنشطتهم.

5. الاشراف التربوي وتطوير المناهج:

ويتم ذلك من خلال ملاحظات المشرف التربوي للمنهج ومراجعته وتقويمه وعمل أدلة المعلم في موضوعات المنهج أو المقرر، وتحديد نقاط الضعف أو الصعوبة والأخطاء العلمية، ورؤيته عليها، ولذا كان الاشراف التربوي من أهم العناصر التي يعتمد عليها في بناء المنهج ومراجعته وتقويمه وتطويره.

مجالات الاشراف التربوي:

الاشراف التربوي لا يمكن أن يقوم بوظائفه على نحو سليم إلا إذا كان شاملا للحياة المدرسية وعلاقتها بالبيئة المحيطة بها، أي أن مجالات الاشراف ينبغي أن تكون داخل حجرة الدراسة، وفي إطار المدرسة، كما قد تمتد خارج حدود المدرسة ذاتها فلم يعد الاشراف التربوي كما كان بمعناه القديم أن

ينحصر في تقييم أعمال المعلمين داخل فصولهم فقط، ولكنه الأن امتد الى مجالات وجوانب أخرى متعددة حيث تشمل مجالات الاشراف التربوي كـل الظواهر المكونـة للبيئـة المدرسيـة والعوامـل المؤثرة فيها وما ينتج عنها، حيث تضم كل سلوك أو نشاط يقوم به العاملون في المجال التربوي مـن المدرسين والاداريين وذلك لتحقيق الأهداف التربوية المرجوة ومن أهم هذه المجالات ما يلي:

1. المعلم

لم يعد دور المعلم في العملية التربوية الحديثة دور الناقل للمعلومات والخبرات مـن جيـل الى جيل، بل أصبح له دور فعال في تنشئة أبناء المجتمع تنشئة وبأسلوب أنساني عن طريق أحـداث التغيرات المنشودة في التفكير والعلاقات والعادات. ويختلف المعلمون كأفراد في درجة ثقـافتهم وفي كفايتهم وأساليبهم وطرق أدائهم لوظائفهم.

وتُبدي الدول المتقدمة اهتماماً متزايداً بالمعلم باعتباره يمثل العامل الرئيسي في مدى فاعليـة العملية التعليمية، وباعتباره أحد أطراف عمليـة الاتصـال البشري التي تفقدها الوسائل الآليـة المستخدمة في تلك العملية، لذلك تهتم هذه الدول اهتماماً كبيراً بتوافر خلفية واسعة لـدى المعلـم في مجال تخصصه الى جانب تمكنه من حصيلة معرفيـة مـن مجـالات أخـرى، كـما تبـدي اهتمامهـا كذلك بتشجيع المعلم على تحسين نموه العملي والعلمي بصفة مستمرة ليقف على أحدث تطورات المعرفة في مجال تخصصه.

ويهتم القائم بالإشراف بملاحظة شخصية المعلم والخصائص الفردية التي يتميز بها كالـذكاء والقدرة على التصرف بلباقة حيال المواقف التعليمية المختلفة، والصـحة العامـة والتحكم في نبرات الصوت وقدرته على التعبير بلغة سليمة، والثقافة العامة ومدى الافادة منها ومهاراته في ضبط الفصل والمحافظة على النظام، مدى تعاون التلاميذ وتجاوبهم معه في الاسئلة والشرح والقيام

بالواجبات المنزلية والانجاز في الأعمال الصفية، ومهما كان إعداد المعلم جيدا فلن يكفل له ذلك الاستمرار في عمله طوال حياته دون توجيه أو اشراف أو مساعدة، وخاصة أنه يتعامل في مجتمع متطور وتلاميذ يعيشون في هذا المجتمع المتغير، وطرق تدريس متجددة طبقاً للاتجاهات الجديدة المستحدثة.

ويعتبر المشرف التربوي بالنسبة للمعلمين هو القائد المهني المسئول عن نجاحهم في عملهم، وتحقيق الأمن والاستقرار لهم، حتى يمكن أن يعطى المعلم ثمار جهده للعملية التربوية في تعاون مع زملائه، وهذا يؤثر تأثيراً إيجابياً على تحقيق الأهداف المنشودة، كما يعمل المشرف التربوي على إكساب المعلم بعض المهارات التي تساعده في التغلب على بعض المواقف أثناء إدارته للفصل وقيامه بالتدريس والتعرف على الاستعدادات الخاصة لديه وحدود قدرته وميوله، وتشجيعه على قراءة الكتب الجديدة في مجال تخصصه وتطبيق الأساليب التدريسية الحديثة واستخدام تكنولوجيا التعليم المناسبة لها، ومراعاة الفروق الفروية بين التلاميذ، وحضور الاجتماعات التربوية التي تناقش خلالها مشكلات العملية التعليمية بصفة عامة ومشكلات المعلم العلمية والمهنية بصفة خاصة، وإتباع الخطوات الايجابية التي من شأنها أن تبث فيه روح النشاط والنمو الفكري.

من هنا ندرك أهمية دور المعلم، ومدى الاهتمام العالمي والقومي والمحلي برعايته، ونموه المهني والعمل على توفير كافة الخدمات المساعدة للقيام بدوره على أكمل وجه، مما سيؤدى بدون شك لتحسين العملية التعليمية وتحقيق الأهداف التربوية المرجوة، مجرد شعور المعلم بأن وظيفة المشرف التربوي تهتم أساساً بتنميته وتطويره قد يؤدي الى تغيير جذري في العلاقة بينهما والى مزيد من التقارب وتوطيد العلاقة بينهما، كما تؤدي الى طلب المشرف واستشارته عند الحاجة.

مما سبق يتضح أن المشرف التربوي مسئول عن راحة المعلمين في عملهم وعن مقدار إنتاجهم ودرجة إتقانهم لها يعملون، وعن استمرار نموهم وتدعيم العلاقات الانسانية معهم، ولا شك أن عناية المشرف بالمعلمين وبمشكلاتهم الخاصة وتأثيره الشخصي المباشر عليهم يؤدي الى رفع الروح المعنوية بينهم، وبالتالي يؤدي الى رفع مستوى مفاهيمهم وتحسين إنتاجهم وهناك عدة خطوات يمكن إتباعها لتحقيق التنمية المهنية للمعلمين وهي:

أ. المشاركة مع المعلمين ببرامج التدريس اليومية والأسبوعية.

ب. تنمية العلاقات المهنية الجيدة بين العاملين في المدرسة على أساس الاحترام والثقة المتبادلة ومراعاة الفروق الفردية بين المعلمين.

ج. استخدام بطاقة المعلم التي تساعده كثيرا في توجيهه وإسناد العمل الذي يتفق مع قدراته وخبراته.

د. المتابعة المستمرة للابحاث التي تجري حول تطوير طرق التدريس وتشجيع المعلمين على البحث والاطلاع، ومناقشة نتائجها التعليمية حتى يتسنى رفع مستواهم العلمي والمهني.

2. التلميذ:

جميع العاملين بالمدرسة يعملون من أجل تحقيق هدف واحد، وهو بناء التلميذ بناءا متكاملا في جميع النواحي (ثقافياً، وعملياً، واجتماعياً، ونفسياً) ولا يمكن أن يتحقق ذلك الا من خلال العمل الجماعي الذي يهدف الى ايجاد السلوك والتوجيه والاشراف المتعاون فيما بينهم.

ولقد أكدت البحوث في ميادين التربية وعلم النفس أن العملية التربوية بالنسبة للطفل هي عملية نمو في شخصيته من جميع جوانبها، وأنه كائن، أيجابي نشيط، وأن القائمين بالإشراف التربوي يلعبون دوراً كبيراً في توجيهه ومساعدته في اختيار الخبرات التربوية التي تساعد على نمو شخصيته.

فدور المشرف في هذا المجال مشاركة المعلمين في تطبيق مبادئ التربية الحديثة وعلم النفس وإكسابهم المهارات والاتجاهات المفيدة لدراسة ما يواجههم من مشكلات وكيفية تعاملهم مع التلاميذ، ويتخلص دور التربويين تجاه التلاميذ في النقاط التالية:

أ. خلق الجو المناسب الذي يؤطد الصلة بين التلميذ ومعلمه حتى يتقبل نصائحه وارشاداته، وأن يضع في ذهن المعلم أن الهدف الأساسي من التربية هو مساعدة التلميذ على النمو السليم.

ب. دراسة سلوك التلاميذ وتصرفاتهم وإعداد السجلات المناسبة لهذا الغرض.

ج. التعرف على حاجات التلاميذ في المدرسة والمنزل وميولهم، وتنمية اتجاهاتهم نحو القيم الاجتماعية وإكسابهم الأخلاق الحميدة.

د. تقييم أعمال التلاميذ ومراعاة الفروق الفردية بينهم ومعرفة أسباب التأخر الدراسي عند بعض التلاميذ.

هـ. العناية بالأسس العلمية والنفسية لتوزيع التلاميذ على الفصول وعلى الأنشطة المختلفة، لكي يختار كل تلميذ النشاط الذي يناسبه.

3. المنهج:

يعتبر تحسين وتطوير المنهج من أهم مجالات الاشراف التربوي حيث يساهم المشرف التربوي في صياغة محتوى المنهج ومعلوماته ومساعدة المعلمين على تطبيقه وتحقيق أهدافه، فالمنهج هو المجال الأساسي لنشاط المشرف التربوي.

ويعنى المنهج بمفهومه الحديث، جميع الخبرات والأنشطة التي تقدمها المدرسة للتلاميذ بقصد تفاعلهم مع هذه الخبرات والأنشطة مما يؤدي الى حدوث تعليم وتعديل في سلوكهم والذي يحقق النمو الشامل المتكامل لهم في جميع النواحي طبقاً للأهداف التربوية.

فإذا كان منهج هو ما تقدمه المدرسة الى تلاميذها بقصد تحقيق أهداف التربية في النمو الشامل والمتكامل للتلاميذ، فإن ذلك يتطلب من المعلم أن يكون مدركاً لهذه الأهداف، وأن يتخذ كل السبل والطرق بمساعدة المشرفين التربويين لتحقيقها.

ومما لاشك فيه، أن النمو المهني والشخصي للمعلمين هو أهم أهداف الاشراف التربوي، فأن أفضل وسائل تحقيقه ينحصر في دراسة المنهج من كافة نواحيه، وعملية بناء المناهج وتطويرها لم تعد عملاً متخصصاً يقوم به خبراء المناهج فقط، بل أنه عمل تعاوني يتطلب جهود مجموعة من الفئات المتعاونة من معلمين ومشرفين وخبراء المادة والدراسات النفسية وغيرهم، والاشراف التربوي يلعب دوراً هاماً لتحقيق التطوير الدائم في المناهج بقصد تحسين العملية التعليمية، وعلى المشرف التربوي أن يقوم بعمليتي تقويم ومتابعة مستمرة للوقوف على نقاط القوة والضعف في المناهج المطبقة في المدارس.

ويمثل المنهج بمفهومه المعاصر الواسع كل تعلم وخبرات يتم تطبيقها وتوجيهها سواء تم ذلك بصورة فردية أو جماعية داخل المدرسة أو خارجها أو في البيئة المحيطة، ويعني المنهج في حدود المدرسة تلك الخبرات التي تقدمها المدرسة للتلميذ، بقصد تفاعله مع هذه الخبرات والأنشطة، مما يؤدي الى حدوث تعليم وتغيير وتعديل في سلوك، واكتساب للخبرات التربوية المرسومة، التي يتحقق من خلالها النمو الشامل والمتكامل، من جميع جوانب التعلم وفقاً للأهداف التربوية المطلوب تحقيقها.

وعلى ذلك تصبح مهمة الاشراف التربوي التأكيد والتركيز على هذه الخبرات المطلوب إكسابها للتلاميذ من خلال المنهج والذي يعتبر مجالا أساسيا لنشاط الاشراف التربوي، وبالتالي الاسهام في صياغة محتوى المنهج، فالمشرف التربوي يولي اهتماما بالمناهج وتطويرها وطريقة تنفيذها، وأسلوب تقويمها لتلائم

احتياجات التلاميذ والمجتمع، وكذلك النظر اليها من زاوية قدرتها على مواجهة الاحتياجات السلوكية والاجتماعية للتلاميذ والمجتمع ثم تجريب مناهج جديدة وتحديد وسائل التجريب وتقويم نتائجها.

ويتمثل دور المشرف التربوي بالنسبة للمنهج فيما يلي:

أ. الاهتمام بالمناهج الدراسية والعمل على تطوير محتواها وطريقتها وأسلوب تقويمها لتلائم حاجات التلاميذ والمجتمع.

ب. النظر للمناهج من حيث تحقيقها للأهداف العامة للتعليم والأهداف الخاصة ومدى مسايرتها ومواكبتها للتطورات القومية والتربوية والاجتماعية، وروح العصر.

ج. التعرف على مدى مناسبة الكتاب المدرسي للمادة ومناهجها وتحقيقه للأهداف الخاصة بكل مرحلة تعليمية.

د. التعرف على الطرق المناسبة لتنفيذ المناهج وتحقيقها لأهداف التعليم ورفع مستوى المسئولية في المدرسة للتنفيذ الكفء للمناهج والتعامل معه كنظام متكامل لا كمجموعة منفصلة من المواد وتهدف تقديم خبرات منهجية مترابطة.

ه. التأكيد من خلال الزيارات الصفية والملاحظات المباشرة للطلاب في أن المنهج يتصف بما يلي:

- يتمشى مع الطبيعة المتعلم من حيث مستوى تطوره المعرفي وتلبيه لحاجاته واهتماماته.

- يتمشى مع القواعد المنطقية للتنظيم المعرفي من حيث تعميق وتوسيع مفاهيم الطلاب وقدراتهم من وحدة الى أخرى.

– التأكد من أن المناهج تتضمن جوانب الخبرات المختلفة اللازمة لتنمية الشخصية تنمية متكاملة شاملة للجوانب-المعرفة-الوجدانية- النفسية.

– تعزيز الوعي لدى المعلم بأن الكتاب المدرسي لا يحقق وحده مضمون المنهج بل لا بد أن يدعم بمجموعة من المواد التعليمية والوسائل والعمل على تطويرها.

4. النشاط المدرسي:

يؤمن الفكر التربوي الحديث بأن النشاط المدرسي مجال تعليمي صالح يمارس التلاميذ عن طريقه المواقف التعليمية المختلفة مما يجعله ركناً هاماً من أركان العملية التعليمية ووسيلة لتحقيق أهدافها، كما أنه عبارة عن نشاط مدرسي الى نشاط ثقافي وعلمي واجتماعي وفني ورياضي، ونظراً لأهمية النشاط المدرسي في العملية التعليمية تفرض هذه الأهمية على المشرف التربوي تشجيع معلميه على ممارسة أوجه النشاط المختلفة والمساهمة في المشروعات المتصلة بذلك، ويعني النشاط المدرسي أنواع السلوك المنظم الذي يمارسه التلاميذ خارج حجرات الدراسة وهذا النشاط لا يقل أهمية عما يجري داخل الفصول الدراسية فكل يكمل الآخر.

وتظهر أهمية النشاط المدرسي فيما يلي:

أ. أنه مجال فسيح يعبر فيه التلاميذ عن ميولهم ويشبعون حاجتهم.

ب. تنمية اتجاهات ومهارات مرغوبة فيها.

ج. ضبط النفس وتحمل المسئولية.

د. يسهل الكشف عن ميول التلاميذ ومواهبهم.

ه. تشغل أوقات فراغ الطلاب باكتسابهم هوايات مفضلة من قبلهم.

ودور المشرف التربوي في مجال النشاط المدرسي يتمثل في تشجيع المعلمين ومشاركتهم في أن يقوم هذا النشاط على أسس محددة ومدروسة منها:

- أن يكون هذا النشاط موجهاً نحو هدف محدد ومرغوب.
- أن يخضع هذا النشاط لعملية الملاحظة الدقيقة بصورة مستمرة.
- أن يكون هناك صلة مباشرة وثيقة بين النشاط والدراسة التي تتم داخل الفصل الدراسي.
- أن يكون هذا النشاط متعدد ومتنوع الجوانب بحيث يجد فيه جميع التلاميذ أكثر من فرصة لاشباع حاجاتهم والتعبير عن ميولهم وأصبح ينظر الى النشاط على أنه مجال تربوي لا يقل أهمية عن الموقف التدريسي في الفصل وما يصاحبه من أنشطة تعليمية فالتلاميذ يشبعون حاجاتهم كما يتعلمون فيه مهارات وصفات يصعب تعليمها في الفصل العادي، مثل التعاون مع الغير وتحمل المسئولية، وضبط النفس، واحترام العمل اليدوي وإتقان بعض مهاراته.

5. الوسائل التعليمية:

إن من أهم المبادئ الأساسية للتربية الحديثة تحقيق أهدافها بالتعليم عن طريق العمل والممارسة، والانتقال من المحسوس الى المجرد، فالعمل وممارسة الخبرات يمثل الوسيلة الناجحة لاستيعابها واكتسابها، ويمثل ذلك العمل وممارسته الوسيلة التي أصبحت من أهم المعينات على تحقيق ما يصعب على المعلم تحقيقه لمسايرة الفروق بين التلاميذ ولما تعطيه من نتائج إيجابية من تقريب الزمان والمكان للموضوع فالوسيلة التعليمية تساعد التلاميذ على إدراك الحقائق والمفاهيم المجردة بأيسر الطرق وأقصرها، وتتركز مهمة المشرف التربوي في توضيح الوسائل التعليمية التي يصعب الحصول عليها باستخدام وتوضيح أهمية الوسيلة التعليمية وقيمتها للمعلمين، وتشمل الوسائل التعليمية الأدوات التي

تستخدم أو يستعان بها في الشرح والتبسيط للمعلومات سواء كانت بسيطة أو معقـدة يدويـة أو آلية، كما أنها تتضمن مجموعة مختلفة مـن الآلات والأجهـزة والمعـدات والأدوات والمستلزمات، وتمتاز كل وسيلة أو تقنية بخصائص وبخبرات وحدود معينة، وتتوقـف مـدى أهميتهـا وفاعليتهـا وأثرها التعليمي على خصائصها ومميزاتها والأغـراض التـي تسـتخدم مـن أجلهـا وكـذلك الأوضـاع والظروف المحيطة باستخدامها وتشغيلها وتوظيفها في الموقف التربوي.

ووظيفة المشرف التربوي العمل على توفير الوسائل التعليمية في الوقت المناسب والاشـتراك مع المعلمين في صنع وسائل جديدة، والعمل على تطويرها في حدود الامكانيات المتوفرة والاستعانة بالعينات والصور، والتي تعتبر من أهـم الوسائل التعليميـة التـي تفيد في تحسـين عمليـة التعليم والتعلم.

6. طرق التدريس

طريقة التدريس هي وسيلة العملية التعليمية لتوصيل المعلومـات الى التلاميـذ عـن طريـق تفسير خبرات الحياة فهي ركن من أركان المنهج، وتقاس فاعلية ونجاح طريقة التـدريس بمقدار مـا تستخدمه من عمليات عقلية تستثير بها قدرات التلاميذ لفهم ما يتعلمونه.

وطريقة التدريس هي الأساس الذي تقوم عليه مهنة التـدريس وعليهـا يتوقـف النجـاح في الدراسة، والمعلم الناجح هو الذي يستخدم طريقة تدريسية تقـوم علـى الأسـس التربويـة السـليمة وتراعي الفروق الفردية بين التلاميذ لتلبية احتياجاتهم وميولهم والتي تتناسب مع قدراتهم المتنوعة والتي تجعل العملية التعليمة أكثر تأثيراً على التلاميذ وتقاس فعالية ونجاح طريقة التدريس بمقدار ما تستخدمه من عمليات عقلية تثير قدرات التلاميـذ لفهم مـا يتعلمونه،فالتحدي الحقيقـي في التدريس يكمن في تخطيط وتصميم المواقف التعليمية التي تثير قدرات الفرد في

فهم العوامل التي تؤثر في الموقف وهناك عدة أسس يجب أن تتوافر في طريقة التدريس الناجحة هي:

أ. تحقيق مبدأ تكافؤ الفرص للتلاميذ والمساواة بينهم ومراعاة الفروق الفردية بين التلاميذ.

ب. تشجيع الطلاب على استخدام أسلوب علمي في دراستهم وحل مشكلاتهم.

ج. وضوح هدف الدرس في ذهن المعلم والطالب.

د. تحقيق إيجابية التلاميذ في العملية التعليمية عن طريق النشاط الذاتي.

ه. استخدام الوسائل التعليمية المناسبة للموقف التدريسي.

و. التشجيع على تبادل الزيارات بين الفصول الدراسية، فيستفيد كل معلم من طريقة زميله، ويسهم المشرف مع المعلمين في ابتكار وتجريب طرق تدريس جديدة ومتعددة ويسمح لهم باستخدام أكثر من طريقة تدريس جديدة ومتنوعة، فالمشرف يجب الا يلزم المعلم بتطبيق طريقة تدريس واحدة لمجرد اقتناعه هو بها، لأن ذلك يحد من ابداع المدرس وقدرته على العطاء.

السمات الشخصية والمهنية للمشرف التربوي

نظراً لأن الاشراف الجيد يتطلب مشرفين على مستوى عال من الطفاءة، وأن يكونوا معدين إعداداً جيداً في مجال تخصصهم، وذوي قدرة على التكيف مع المواقف المختلفة التي تواجههم، لـذا فقد أورد رجال التربية في كتاباتهم العديد من السمات الشخصية والمهنية الواجب توافرها في القائم بمهمة الاشراف التربوي الاتي:

1. أن يتصف بالمرونة وحسن المعاملة، وأن يتمتع بسمات شخصية متميـزة، وتكون لديـه مهارات ومعلومات كافية للتعاون مع الذين يعملون في محيط عمله.

2. أن يكون لديه خبرة علمية متجددة، وأن يحرص على تزويد نفسه بكل ما هو جديد في مجال تخصصه، وذلك بـالتعرف عـلى كافة التطورات المتعلقة بهذا المجـال في البـلاد المختلفة واقتراح ما يمكن أن يقتبس منها في ضوء الفلسفة التربوية لبلـده واحتياجاتها وإمكانياتها.

3. أن يكون لديه جيد للأهداف التربوية ومعرفة الخصائص النفسية والتعليمية للتلاميذ.

4. أن يكون قادراً على تكوين علاقات طيبة مع المعلمين، وأن يساعدهم على فهم أنفسهم وإدراك مواطن القوة ومساعدتهم لمعرفة جوانب الضعف وعلاجها، ومساعدتهم في حل مشكلاتهم التعليمية وتحسين طرق التـدريس واستخدام الوسـائل التعليميـة بطريقـة فعالة وإنتاجها من خامات البيئة، وتقويم أعمال تلاميذهم على أساس سليم.

5. أن يعقد اجتماعات للمعلمين على شكل مجموعة كبيرة وفق تخطيط مـنظم قبـل بـدء العام الجراسي على مدار السنة، لعرض الإتجاهات والتجـارب الجديـدة والخطط المـراد تنفيذها خلال العام الدراسي.

6. أن يهتم بتكوين علاقات مهنية سليمة بينه وبين مديري ومعلمي المدارس التـي يشرف عليها ويحترم شخصياتهم ويقـدر جهـودهم وينمـي التعـاون معهـم، وأن يراعـي مبـدأ تكافؤ الفرص في توزيع الكفاءات بالمدارس التي يقوم بالإشراف عليها.

7. أن يكون إيجابياً في مشاركته للمجتمع الذي يعمل فيه، بحيث تكون له إسهامات جادة في النشاط الثقافي والعلمي في المجتمع، والاسهام في مشروعات تقدمه وتطوره.

الفصل الثاني

الاشراف التربوي

الاشراف الصفي – الأرشادي – الاتصال

التشاركي – التطوري – الأكلينيكي

الفصل الثاني

تمهيد:

يسهم النظام التربوي في المجتمعات الحديثة بشكل عام بدور فعال وبناء في تحقيق أهداف تلك المجتمعات وتطلعاتها المستقبلية ويتطلب ذلك توافر عدة عوامل يأتي في مقدمتها الاهتمام بالمعلم، حيث أنه يمثل أحد الأركان الأساسية التي تقوم عليها العملية التعليمية لذلك فأن حسن اختيار المعلم، ونوعية إعداد وانتقاء أساليب تدريبة ومتابعته وتلبية متطلباته هي مؤشرات دالة على مستوى الاهتمام بالمعلم وتطوير إمكانات أدائه.

وجاء الاهتمام بالإشراف التربوي باعتباره الأنسب في تطوير المعلم وتنمية قدراته أثناء الخدمة وقد أعطى المسئولون عن التعليم الإشراف التربوي عناية خاصة عن طريق تغير مفهوم التفتيش وأساليبه وممارساته التعليمية الى مفهوم الاشراف التربوي الذي يهدف الى تحسين عمليتي التعليم والتعلم ويتخذ من عملية التعاون والعلاقات الانسانية المتميزة بين العاملين في حقل التعليم مسلكا له لتحقيق تلك الأهداف.

وقد أدى ظهور نظريات الاشراف المهتمة بالعلاقات الانسانية في الادارة وركزت على مفهوم العلاقة الانسانية الى الاهتمام بحاجات الفرد الاجتماعية والنفسية ليتمكن من زيادة فعاليته، مما أدى الى التركيز على إيجاد علاقة إنسانية قائمة على الاحترام بين المشرفين والمدرسين بهدف إثارة دفاعيتهم ونشاطهم نحو العمل، ومفهوم الاشراف التربوي وفقاً للعلاقات الانسانية أدى الى ظهور مفهوم الاشراف التربوي الشامل الذي اعتمد على ضرورة التفاعل بين المشرف التربوي والمعلم بغية تشخيص الموقف التعليمي وتحليله وتقويمه في إطار نظرة اجتماعية نفسية علمية وهذا التغيير في مجال الاشراف قد حدث نتيجة

تطور في أهداف التربية وكذلك تغيير أدوار المعلم واتساع نطاق التعليم وارتفاع مستوى تأهيل المعلمين، مما يتطلب أحداث تغيير في أساليب وأدوار المشرف التربوي.

كما أدى التغير في العلاقات بين الافراد الى ظهور مبادئ وقيم وشعارات جديدة تدعو الى الاحترام والمشاركة بدلا من التسلط والاستغلال، وقد انعكست هذه التغيرات على العملية التعليمية وأدت الى تغير مبادئ وأسس السلوك الاشراف ليكون المشرف قادراً على الاتصال السليم بين جميع الأطراف، كما أدت أيضاً الى ظهور نماذج إشرافية تطلبت التركيز على جميع عناصر العملية التعليمية، وبشكل خاص الطالب والمدرس والمنهج مع ضرورة توظيف العلاقة بين المشرف والمدرس وتوجيهها بشكل إيجابي وهناك عدة أساليب في الاشراف تعتمد على التفاعل الايجابي بين المشرف التربوي والمدرس ويتفق عدد من الباحثين في تصنيفهم لأساليب الاشراف التربوي تبعا لأولوية العملية التعليمية ومدى ملاءمتها للمرحلة التعليمية التي يتم فيها الاستفادة من النشاطات الاشرافية، وسنعرض لهم أساليب الاشراف الجماعية والفردية.

الاساليب الفردية في الاشراف التربوي

زيادة الفصول:

احتلت زيارة الفصول منزلة هامة بين جميع نواحي نشاط الاشراف التربوي المختلفة، كما أنها تعد من أقدم الأساليب المعروفة وأكثرها شيوعاً، يستخدمها القائم بالاشراف ليرى على الواقع كيف يتم التدريس، وكيف يتعلم التلاميذ وليقف بنفسه على أمور معينة من أجل التخطيط لبرنامج توجيهي في ضوء الحاجات الى مساعدة وفي أي النواحي يحتاجها وكيفية تقديمها إليه وذلك من أجل الارتقاء بمستوى التدريس والتعلم.

وزيارة الفصول الدراسية، ليست إظهاراً للاستعلاء، أو لإبراز السلطة، ولا محاولة للتقليل من شأن المعلم أمام التلاميذ، وإنما هي وسيلة للتعاون على خدمة التلاميذ في احسن صورة ممكنة ليستفيد بها المعلم، من خبرات المشرف وتجاربه ويستعين بها في حل مشكلاته، ويقف المشرف بها على الصورة الحقيقة لما يصادف المعلم من مشكلات، وإذا كانت الصورة واضحة على هذا النحو في أذهان الجميع فليس على المعلمون أن ينظروا بعين غير راضية الى زيارة المشرف.

ويتطلب تنفيذ الزيارة الصفية تحديد أهداف الزيارة، بحيث تشمل جميع القضايا والمهمات التي تنفذ في المدرسة، وتبادل الخبرات التربوية مع المدرسين وتحسين الظروف المدرسية للطلبة، سواء في غرفة الصف أو المختبرات الموجودة في هذه المدارس، ودراسة بيان إمكانية الاستفادة من البيئة المحيطة بالمدرسة، من أجل تسخيرها لخدمة العملية التعليمية ويتوقف نجاح هذه الزيارة على تحديد أهدافها بدقة والتعاون بين المشرف التربوي والمدير وتبادل الخبرات بينهم.

فالزيارة الصفية هي العملية المخطط لها والمنظمة والهادفة التي يقوم بها المشرف التربوي أو مدير المدرسة أو كلاهما معا لمشاهدة وسماع كل ما يصدر عن المعلم وتلاميذه من أداء في الموقف التعليمي بهدف تحليله تحليلاً تعاونياً وتزويد المعلم بتغذية تطويرية حول هذا الأداء لتحسنه بما ينعكس أيجابياً على عملية التعليم والتعلم، كما تكمن أهمية الزيارة الصفية في كونها الأسلوب الوحيد الذي يمكن المشرف التربوي من مشاهدة سير العملية التربوية داخل الفصول الدراسية فيتعرف على أوجه النشاط وأساليب التعليم والصعوبات التي تعترض العملية التربوية من خلال ملاحظات المعلم، كما يستطيع المشرف بالتعاون مع المعلمين أن يضع برنامجاً للاشراف التربوي في ضوء حاجات المعلمين وتلاميذهم حيث تساعد الزيارة الصفية على تنسيق جهود المعلمين في المدرسة، وعمل المشرف ينحصر في أحدث تغيرات أساسية في اتجاهات المعلمين ولكي يحدث التغيير،

ويتوقف نجاحه الى درجة كبيرة على مدى الطمأنينة التي يوفرها هذا التغيير للمعلم، لكي يعمل المشرف على معاونة المدرسين في مواجهة المشكلات لهم أثناء عملية التغيير، أنها تسهم في النمو المهني والعلمي للمشرف التربوي من خلال ملاحظته للمبادئ التربوية والنظرية أثناء التطبيق.

الزيارات الصفية وفوائدها:

- تسهم في تقدير الجوانب الايجابية من عمل المعلم وتطويرها.

- تسهم الزيارة الصفية في التعرف على المظاهر السلبية ومساعدة المعلم في تجاوزها وتعديلها.

- تساعد على إمكانية الاطلاع على النشاطات الصفية وغير الصفية وتوجيهها.

- تسهم في مشاركة المدرس في وضع خطته السنوية.

- تسهم في التعرف على الصعوبات التي تعترض المناهج ووضع الحلول لتجاوزها.

- تسهم في الوقوف على ما حققه المدرس مما أتفق عليه في زيارات سابقة ومساعدة المعلم ليصبح قادراً على مساعدة الطلاب، فالطالب هو محور عملية الاشراف التربوي.

- الوقوف على أفضل السبل التي يستطيع بها المعلم أن يوجه تعليم الطلاب لبلوغ الأهداف المرجوة.

- الكشف عن الأخطاء والمشكلات والصعوبات المشتركة بين عدد من معلمي المواد وجعلها موضوعاً لاجتماع يدعو إليه لدارستها ومعالجتها.

- تقويم البرنامج الاشرافي ومعرفة مدى نجاحه في رفع مستوى العملية التربوية.

ولتحقيق الزيارة تلك الأهداف المنوط بها يجب أن يخطط لها تخطيطاً دقيقاً وأن يكون هدفها واضحاً في أذهان المعلمين والمشرفين، ومن الضروري اتباع بعض الاجراءات الخاصة قبل الزيارة وعند دخول الفصول وأثناء البقاء فيها وعند التدخل في التدريس أو إصلاح الخطأ وتقديم الايضاحات حتى لا تؤدي تصرفات المشرف التربوي الى التوتر داخل الفصل.

خطوات لتنفيذ الزيارة الصفية:

هناك مجموعة من الخطوات لتنفيذ الزيارة الصفية التي يجب على المشرف القيام بها وهي:

الخطوة الأولى: قبل الزيارة:

ويتم في هذه الخطوة لقاء بين المعلم والمشرف من أجل ما يلي:

- توفير جو الطمأنينة والعلاقات الودية بين المعلم والمشرف.
- توضيح الهدف من الزيارة الصفية.
- تحديد الجوانب المراد مشاهدتها في الموقف التعليمي.
- مناقشة التخطيط مناقشة تشاركية بين المعلم والمشرف.

الخطوة الثانية: القيام بالزيارة:

على المشرف التربوي مراعاة الأمور التالية داخل غرفة الصف:

- أن يصاحب المعلم أثناء زيارته في الذهاب الى الصف، وإذا ما جاء متأخرا قليلاً، عليه أن يحسن الدخول الى الصف، وذلك باستئذان المعلم، والاعتذار عن التأخير.
- أن يدخل المشرف بشكل لا يحقق جواً من التشتت والفوضى.
- أن يجلس المشرف في مكان يتيح له مشاهدة الجوانب المراد مشاهدتها في الموقف التعليمي.
- أن لا يتدخل المشرف في الموقف التعليمي إلا إذا طلب منه المعلم ذلك.

- أن لا يظهر للطلاب أنه يكتب ملاحظات كثيرة عن سير الدرس ومستوى أداء المعلم.
- أن يمكث المشرف الحصة كاملة في الصف.
- على المشرف أن يراعي الأصول عند مغادرته الصف، وذلك بأن يثني على الطلاب والمعلم، وأن يمتنع عن النقد والذم مباشرة.

الخطوة الثالثة: اللقاء البعدي

اللقاء مع المعلم عقب الزيارة يعد نشاطاً أساسياً لتحقيق وظيفتها التدريبية ويقوم المشرف والمعلم بدراسة تعاونية لتحليل الموقف الصفي والحكم في ضوء معايير متفق عليها، للتوصل الى مقترحات تسهم في تحسين الأداء الصفي للمعلم ويكون هذا اللقاء عملية إيجابية بين المشرف والمعلم، تناقش خلاله الممارسات التعليمية في محاولة لكشف جوانب القوة فيها، من أجل التمسك بها وتطويرها، وجوانب الضعف لمعرفة أسبابه والاتفاق على خطة للمعالجة واعتماد طرائق بديلة.

أنواع الزيارات الصفية:

الزيارات المخطط لها: وهي زيارة يكون متفق عليها بين القائم بالإشراف التربوي والمعلم، وتتميز بأنها تعطي القائم بالإشراف التربوي ضورة واضحة عن إمكانيات المعلمين وطاقتهم، وبالتالي يستطيع أن يضع برنامجه الاشراف التربوي في صورته النهائية محدداً فيه ما ينبغي التركيز عليه، وما ينال أكبر قدر من العناية وما يحتاج الى مجهود خاص في ضوء الواقع الذي شاهده بنفسه.

الزيارة التي يطلبها المعلم: وتتم الزيارة بناء على طلب المعلم لزيارته من قبل المشرف التربوي ليطلعه على تجريب طرق جديدة أو استخدام وسائل جديدة أو من أجل مساعدته في حل صعوبات أو مشكلات يعانى منها داخل الفصل، أن هذا النوع من الزيارات يتيح الفرصة للمشرف ليوطد علاقاته بالمدرسين، ويحقق

الهدف من الاشراف والممثل في التعاون مع المدرس من أجل خلق موقف تعليمي أفضل لتحقيق الأهداف المرجوة.

أسلوب الاشراف الارشادي

يعتبر الاشراف الارشادي أحد أساليب الاشراف التربوي، وبالرغم من وجود بعض المعلومات تفيد تأثير بعض الدول بالإشراف إلا أن هناك بعض الشواهد تفيد استخدام الاشراف الارشادي وهناك اتجاهين للاشراف أحدهما أنبثق من الولايات المتحدة الأمريكية والآخر من بريطانيا، والذي يميز أحدهما عن الآخر هو مكان تدريب المشرفين، ففي الولايات المتحدة نجد الاشراف الارشادي يكون في الجامعات ويشرف عليه من قبل الجامعات، أما في بريطانيا نجد الاشراف الارشادي يكون في أماكن خاصة، ولكن في العشر سنوات الماضية أصبح يقام في الجامعات، وقد وجد في الولايات المتحدة أن الاشراف الارشادي يركز على المفهوم المعنوي والثقافي فبينما يركز الاشراف الارشادي في بريطانيا على تدريب المشرفين والاشراف على عليهم.

وفي أمريكا أتضحت فلسفة الاشراف الحقيقية حيث كانت هناك حركات لرفع مستويات التدريب للمشرفين، وزيادة عدد البرامج التدريبية بالنسبة للمشرفين المبتدئين والخبراء، ووجد في الكتابات الخاصة بالاشراف تجنبا لما يسمى بالاشراف الارشادي وحدود الارشاد والذي يختص بخطوط طويلة في مجال الاشراف ومحاولة التركيز على الا رشاد بأنه عملية تعليمية في حد ذاتها.

أما في بريطانيا فعلى العكس من ذلك تجدها تركز على التدريب والتمرين الناتج عن عدد البرامج التدريبية على الاشراف وفلسفة الاشراف في بريطانيا تعتمد بصفة أساسية على "الارشاد على المدى الواسع"، وقد ضمنت المنظمة الدولية البريطانية للاشراف خطة واسعة للمشرفين وهذه الخطة تبدأ

تقريباً من خمس سنوات وحتى أربعين سنة من الاشراف المتواصل حتى يسمح للمشرفين أن يكتبوا فلسفتهم وخبراتهم عن الاشراف أو السماح لهم بنسخ شريط لجلسة إشرافية تتناول التعليق على طريقة الاشراف والخاضعين للاشراف أو السماح لهم بيوم كامل للتقويم إذا ما طلب منهم الاشراف.

ولقد طرأت تطورات جديدة على الاشراف الارشادي بواسطة المنظمة الدولية للعلاجات السلوكية والتي تتعلق بمجال الاشراف، أو تشكل جمعيات إشرافية وهذه الجمعيات تقيم مستوى التدريب في الاشراف الارشادي بالنسبة للأفراد، وفي الوقت الحالي ظهرت أشكال متنوعة من التدريب الاشرافي في بريطانيا بعضها يركز على إرشاد المعوقين والبعض الأخر تدريب تكميلي.

خطوات الاشراف الارشادي:

على ما يبدو أن هناك بعض الخطوات المتفق عليها عالمياً يجب أن يمر بها الاشراف حتى يتطور ويمكن أن نجده على الصعيد الدولي في جميع الدول ولكن بدرجات مختلفة ومن أهم هذه الخطوات ما يلي:

— أن يصبح الارشاد والارشاد السيكولوجي أكثر تخصصا.

— يجب أن ينظر الاشراف الى أهمية الدور الذي يلعبه تدريب المرشد ودوره في استمرار العمل الارشادي.

— يجب أن تقتصر وظيفة الاشراف على المرشدين الخبراء حيث تقع على عاتقهم مهمة الاشراف.

— يجب أن تلخص فلسفة ووجهات نظر المشرفين.

— يجب أن يتوافر التدريب الرسمي في الاشراف.

— ينظر الى التدريب الاشرافي والممارسة والأبحاث على أنها جوانب ضرورية للعمل الارشادي.

أنواع الاشراف الارشادي:

ومن أهم هذه النواع ما يلي:

النوع الأول: الاشراف الحالي:

هو إشراف يتم أثناء المواقف التعليمية عن طريق إرشاد المعلمين مـن خـلال بعـض وسـائل الاتصال التكنولوجية مثل الهاتف وجهاز الارسال كأحد الطرق التقليدية لهذا النـوع مـن الاشراف الارشادي، وفيه يلاحظ المشرف من خلال حجرة تحكم من خـلال شاشـة ذات جانـب واحـد ترسـل وتستقبل الرسائل لإرشاد المعلمين أثناء فترة الملاحظة.

عيوب الاشراف الحالي: هناك قصور في هـذه الطريقـة وهـي أنهـا تكـون مـن جانـب واحـد وبالتالي لا تحقق الاشراف الجيد، وبعدها بوقت قصير تم عمل شبكتين للحاسب الآلي حتى تـتماشى مع التقدم المنشود، وبالرغم مـن وجـود بعـض القصـور في الحاسـب الالي إلا أنهـا أقـل عيوبـاً مـن استخدام الهاتف ولقد حدثت تطورات جديـدة في اسـتخدام الارشـادات الشخصية وهي بسيطة للغاية ومؤثرة في الاستجابة وتعرض التقدم الشخصي الذي يمكن أن نقيسه هنا مـن خـلال الكتابـة وسيكون الشخص قادر على تبسيط العديد من مهمات الملاحظة بدون الاستناد على عملية الارشاد وهذا يتضمن ما يلي:

- الاتصالات اللاسلكية.

- زيادة التحكم في شبكات المعلومات.

- الاتصالات الهاتفية والفاكس.

- الرسائل المكتوبة والمصورة.

- نتائج الاختبارات والفهم.

النوع الثاني: الاشراف المؤجل

بعد أن تنتهي جلسة الملاحظة يرد المعلمون مباشرة على الوسائط السمعية والبصرية الخاصة أو التي يقصد بها الملاحظة والاشراف، ويمكن المعلمين من رؤية شرائط الفيديو مقتطفات مختارة لعمليات لاحقة في جلسات الاشراف.

والتسجيل المزدوج يسمح للمشرفين أن يسجلوا التعليقات من جانب واحد بينما يكون الأساس لجلسة الملاحظة غير معطل وهذا النوع من التسجيلات يمكن أن يستخدم في مواقف وعمليات الترجمة الفورية.

وقد سجل استخدام التكنولوجيا في الاشراف المؤجل في الأبحاث والمعلومات وذلك إذا ما حدث تدخل في الحالة العاطفية للفرد حيث تعد استجابة الفرد للحالة الطبيعية بحالة نفسية ضمن مجالات استخدام الاشراف المؤجل، مثل الصدمات الكهربائية ومستويات حساسية الجلد ودرجة حرارة الجلد، ولقد استخدم شاشة عرض للفيديو يركز على جلسة إرشادية وشاشة أخرى تصور القراءة.

أما الشريط المشترك بين المشرف وعينة الإشراف يمكن أن يسمح بنوع جديد من التعليم للممارسة العلمية وأيضا ورقة عمل جديدة مثل حالة الملاحظة وحالة الدراسة وهاتين الحالتين تقترنان بنوع معين من مقتطفات من شريط فيديو عن جلسة إرشادية منقولة على القرص المرن أو الصلب.

ضوابط الاشراف الارشادي الاتصال الالكتروني.

عندما تترك عينة الاشراف في مكان خالي ومنفصل وتقتصر اتصالاتهم بمشرفيهم عن طريق استخدام الهاتف أو التلغراف أو لقاءات أسبوعية أو شهرية، فأن القلق يملأ مكان الزيارة لساعات أو أيام أو حتى أسابيع قبل استخدام الرسالة، ولذا يعرض الاتصال الالكتروني العديد من الامكانيات الجديدة التي يمكن استخدامها في الاتصال الدائم عبر الحاسب الآلي أو شاشات الاتصال أو

شبكة الانترنت وكلها معروفة على أنها شبكة اتصالات إلكترونية ويمكن أن نلاحظ مزايا الاتصالات جيدا من خلال شبكة المعلم وقد بدأت هـذه الشـبكة عملهـا في جامعـة كاليفورنيـا، وتتصـل هـذه الشبكة بمراجع إلكترونية، وطلاب متعلمون ومعلمين متخصصين وأعضاء هيئة التـدريس بالجامعـة ومشرف تربوي الى جانب خبراء في مجال المهنة.

وتصمم هذه الشبكة من خلال شبكات كمبيوتر خاصة ببعض المعلمين المتخصصـين والـذين يمكن أن يتقدموا باهتمامات وتفاعلات جديدة وآراء نقدية، فيمكـنهم أن يختاروا وجهـات نظر خاصة وتبادل اتصالات خاصة مع بعض المعلمـين المشاركين في هـذه الشبكة وأي رسالة يمكـن أن تخزن في الحاسب الآلي الخاص بهذا المعلم وتستخدم كمرجع يمكن أن يعطي الطلاب المعلمـين حرية خاصة في استخدام أنواع معينة من الحاسب الآلي في أثناء ذلك وقد أدي هذا الى:

- اتساع عملية الاتصال وإنهاء العزلة.

- التوالي في الاتصال الفعال بين المشرف وعملية الاشراف.

- اتساع الفرص للعمل المشترك في المجالات العلمية والتدريبية على السواء.

- اتساع نسبة المراجع والموضوعات الموجودة في شبكة الانترنت.

- تشجيع الاتصالات المؤثر عن طريق الاتصـالات غـير المكتوبـة أو التـي يمكـن أن تخـزن وتطبع وتراجع بسهولة.

تفاعل المشرف والمعلم في المؤتمر الاشرافي:

لقد قدم بلمبرج أسلوب لكيفية تفاعل المشرف والمعلم في المؤتمر الاشرافي وذلك عن طريق:

- تصور المعلم لما يجري.

- تصور المشرف لما يجري.

— تحليل تفاعل المشرف مع المعلم كما يتم فعلياً.

ويهدف هذا الأسلوب الكشف عن كيفية تقديم المشرف المساعدة للمعلم وتأثير سلوكه فيه وتوضيح العوامل المؤثرة في العملية التعليمية والوقوف على أوجه القصور ومعالجتها.

ويشتمل هذا الأسلوب على 15 فئة سلوك منها 10 تهتم بسلوك المشرف، 5 تهتم بسلوك المعلم.

سلوك المشرف: ويتمثل في:

1. السلوك السائد لإيجاد جو اتصال ودي: ويشمل هذه الفئة جميع العبارات التي يصدرها المشرف باستثناء المدح والمساعدة على بناء جو نفسي ـ وصحي بينه وبين المعلم كالسلوك لإزالة التوتر الذي ينتقل لمشاعر المعلم وجميعها تقع في هذه الفئة.

2. المدح: وينطوي هذا السلوك على حكم قيمي مثل ممتاز وجيد عندما يقولها المشرف كتقييم لفكرة أو لحظة عمل أو رأي يصدر عن المعلم.

3. تقبل أو استخدام أفكار المعلم: وتشتمل هذه الفئة عبارات المشرف التي توضح أو تبين تطور الأفكار أو المقترحات المقدمة من المعلم.

4. سؤال عن المعلومات: ويهدف سلوك المشرف في هذه الفئة الى سؤال المعلم من أجل التوضيح أو التوجيه بالنسبة لمشكلة، وهذا السلوك يركز على جميع الحقائق وتغير بالآراء أو كيفية الآراء.

5. إعطاء المعلومات: وهي تعكس السلوك في الفئة الرابعة وتشتمل تقديم المشرف معلومات موضوعية للمعلم وتوجيهه وتلخيص ما يجري أثناء اللقاء.

6. السؤال عن آراء: ويهدف سلوك المشرف في هذه الفئة الى سؤال المعلم بأن يحلل أو يقيم ما حدث أو يحدث أو ما سيحدث في الصف أو المؤتمر الاشرافي.

7. السؤال عن المقترحات: ويطلب المشرف من المعلم أن يفكر بطرق مختلفة للقيام بعمل ما أو التفكير في طرق كان من الممكن إتباعها في ذلك ويحتوي ذلك على توجيه للعمل ماضيا أو حاضرا أو مستقبلا وتشمل هذه الفئة سؤال المشرف عن الطريقة التي يعمل المشرف والمعلم من خلالها.

8. إعطاء الآراء: يكون سلوك المشرف في هذه الفئة عكس السلوك في الفئة السادسة ويحمل نفس المعني باستثناء أن المشرف يعطي بدل من أن يسأل.

9. يعطي المقترحات: سلوك المشرف هنا عكس سلوكه في الفئة السابعة فهو يعطي بدل أن يسأل.

الانتقاد:

ويشمل سلوك المشرف في هذه الفئة جميع الحكام التعليمية السلبية نحو عمل المعلم ويشمل كذلك جميع أنواع السلوك التي يمكن أن يفسرها المعلم دفاعية أو عدوانية أو متوترة.

سلوك المعلم: ويشمل خمس فئات على النحو التالي:

1. السؤال عن المعلومات وآراء ومقترحات: السلوك الوظيفي للمعلم يقابل سلوك المشرف في الفئات 4، 6، 7.

2. إعطاء معلومات وأراء ومقترحات: يعد سلوك المعلم في هذه الفئة مقابل لسلوك المشرف في الفئات 5، 8، 9.

3. سلوك اجتماعي إيجابي: هذا السلوك من المعلم يقابل سلوك المشرف في الفئة (1) فهو سلوك غير وظيفي أي أنه لا ينطلق من العمل الرسمي، ويساعد في بناء العلاقة الاشرافية بين المعلم والمشرف وتدعيمها وقد يخلو هذا السلوك من تشجيع للمشرف، وندرج في هذه الفئة عبارات المعلم التي تحمل الموافقة بحرية على ما يقوله المشرف.

4. سلوك اجتماعي سلبي: أي سلوك من قبل المعلم يؤدي الى إحداث خلل في العلاقة الاشرافية أو توتر يقود الى دفاعية في الاتصال والرضوخ لآراء المشرف في وجه سلطتهاالاشرافية وكذلك التقدير يعرف بأنه دفاعية في السلوك ويصف هذه الفئة.

5. الصمت أو التشويش: تشير هذه الفئة الى وجود صمت أثناء التفاعل أو حدوث تشويش عندما يتكلم المعلم والمشرف في آن واحد تصنيف كل منهما، ويستثنى من هذه الفئة الصمت الناتج عن سلوك من المشرف أو المعلم عندما يبدو أن السلوك يحدث توتر ودفاع عند الاخر فيصنف الصمت عندئذ تحت الفئة (10) أو (14) حسب مصدره من المشرف أو من المعلم.

إجراءات تطبيق واستخدام النظام:

— تسجيل المؤتمر الفردي الذي يعقد بين المشرف والمعلم على شريط كاست أو مدمج.

— يفرغ الشريط كتابيا مع مراعاة الدقة في كتابة الحوار اللفظي الذي يجري بين المعلم والمشرف.

— يقسم الكلام المكتوب الى وحدات سلوكية تستغرق كل منها بضع ثوان أي بمعدل 4- 5 كلمات.

– يعطى لكل وحدة رقم الفئة التي تناسبها من فئات النظام.

– إذا وجدت صعوبات في تمييز وحدة سلوك بين فئتين في النظام يوضح لها رقم الفئـة الأصغر.

– تفرغ أرقام هذه الفئات في سلاسل حسب ترتيبها ووفق ورودها في الحوار.

– تبدأ السلسلة برقم الفئة (15) وتنتهي برقم (15) أيضاً ونبـدأ الحـوار عـادة بـالكلام وينتهي بالصمت إضافة إلى الفائدة في عملية توازن الأرقام بين الأعمدة والصفوف في مصفوفة التفاعل.

– تفرغ الأرقام من السلسلة في مصفوفة خاصة (15×15) لبيـان انتشار كـلام كـل مـن المشرف والمعلم.

– تفرغ الأرقام من السلسلة في مصفوفة مـن السلسـلة الزوجيـة، أي كـل رقمـين معـا، وبالتالي ليكون الرقم الأول للصف والثاني للعمود على أن يقرأ كل رقم مـرتين وحيث يلتقي رقم الصف مع رقم العمود يكون المربع المقصود هو المصفوف.

– تجمع أعداد الحدث في كل صف ثـم في كـل عمـود، عـلى أن يكـون المجمـوع العـام للصفوف والعمدة هو نفس المجموع.

– تؤخذ النسب لكل فئة سلوكية على حدة أو لكل مجموعة من الفئات حسب مـا هـو مطلوب.

تحليل وشرح التفاعل بين المعلم والمشرف:

نستطيع أن نستخرج من المصفوفة كمية السلوك الدائر بين المشرف والمعلم ونوعيتـه، فمـن حيث كمية السلوك ربما تكون مهمة فنستطيع أن نستخرج كم من وقت التفاعل اسـتغرق المشـرف من وقت التفاعل في كل فئة سلوكية له وكذلك المعلم. أما من حيـث نوعيـة السـلوك فتسـتطيع أن نعرف الكيفية التي

يسلك فيها المشرف الى المعلم وكيف يستجيب المعلم لهذا السلوك وفي أي اتجاه إضافة الى سلبية أو ايجابية الاتصال بينهما ولبيان ذلك يجب أن نحسب الاتي:

- جمع كل الأحداث الموجودة في كل صف أو عمود ووضعها في المربع الأخير المخصص لذلك.

- جمع المجاميع في الصف الأخير أو المجاميع في العمود الأخير ليكون لدينا المجموع العام ويجب أن يكون نفسه في كليهما.

- حساب النسب الكمية للسلوك في المصفوفة.

- لمعرفة النسب المئوية للوقت الذي استغرقه المشرف في المؤتمر الاشراف نقسم مجموعة الأحداث في الفئات من (1- 10) على المجموع العام للحداث مضروبا×100.

- لمعرفة النسبة المئوية للوقت الذي استغرقه المشرف من المؤتمر الاشرافي بكامله على كل فئة سلوكية منفردة له، نقسم مجموع أحداث الفئة المقصودة على المجموعة العام مضروبا×100.

- لمعرفة حساب النسبة المئوية للوقت الذي استغرقه المشرف في فئة ما من وقت في المؤتمر الاشراف نقسم مجموع أحداث الفئة المقصودة على مجموع أحدث الفئات المخصصة للمشرف في النظام (1-10) مضروبا× 100.

- لمعرفة النسبة المئوية للوقت المخصص للمعلم في وقت التفاعل في المؤتمر الاشرافي بكامله نقسم مجموعة أحداث الفئات السلوكية من (11- 14) على المجموعة العام × 100.

- لمعرفة النسبة المئوية للوقت الذي استغرقه المعلم من المؤتمر الاشرافي بكامله في كل فئة سلوكية منفردة له، نقسم الأحداث في الفئة المقصودة على المجموعة العام في × 100.

- لمعرفة كم من الوقت أمضى المشرف في المؤتمر الاشرافي في إعطاء الآراء والمقترحات نقسم مجموع الأحداث عن فئات السلوك (8،9) على مجموع الأحداث في فئات السلوك (6،7).
- لمعرفة الوقت الذي كان فيه المشرف في المؤتمر الاشرافي مباشرا مقابل كونه غير مباشر تقسم مجموعة الحداث في الفئات (4،5،8،9،10) على مجموع الفئات (3،2،1).
- لمعرفة الوقت الذي حاول فيه المشرف استثارة أفكار المعلم مقابل انفراده بالحديث نقسم مجموع أحداث الفئة رقم (3) على مجموع أحداث الفئات من (1-10) ما عدا الفئة الثالثة.
- لمعرفة كم من وقت التفاعل كان فيه المشرف شارحا مقابل مستفسراً تقسم مجموعة أحداث الفئات (5،8،9) على مجموع أحداث الفئات (4،6،7).
- لمعرفة الوقت الذي استغرقه المشرف في انتقاد المعلم مقابل حديثة الوصفي، نقسم مجموع أحداث الفئة (10) على مجموع الحداث في الفئات من (1-9).

الاجتماعات الفردية:

الاجتماعات الفردية التي تعقب زيارة الفصول والتي يتم من خلالها التفاعل بين القائم بالإشراف التربوي وبين المعلم وتعد من الأساليب التوجيهية الرئيسية التي تهدف الى دراسة العمل الذي تم في الصف دراسة تعاونية في جو ديمقراطي، فالمشرف التربوي لا يكتفي بالزيارات داخل حجرة الدراسة فقط وإنما عليه أن يعقب هذه الزيارات بلقاءات فردية وتكمن أهمية هذه اللقاءات في أنها تحدد الايجابيات والسلبيات، التي تم ملاحظتها خلال الزيارات الصفية وكذلك إتاحة الفرصة لمناقشة العملية التعليمية، فالمقابلة التي تتم بين المشرف التربوي تعد

واحدة من أهم وسائل الاشراف التربوي، وذلك لما توفره للمشرف من فرص للتعرف والاطلاع على المشكلات الشخصية والمهنية للمعلم ودراستها بصورة فردية، وقد تعقد هذه الاجتماعات بناء على مبادرة من المشرف أو من المعلم نفسه.

أهداف الاجتماع الفردي:

ويمكن تحديد أهداف الاجتماع الفردي بالنسبة للمعلم، على أن يعبر المعلم عن مشاعره وآرائه وتقديراته للدرس الذي قام بتعليمه فيما يلي:

— أن يقارن المعلم بين السلوك الذي صدر عنه فعلاً وبين السلوك المتوقع منه القيام به كما هو مخطط في خطة الدرس.

— أن يحدد الصعوبات أو المعوقات التي حالت دون بلوغ التلاميذ السلوك المنشود.

— يحدد المعلم الصعوبات أو المعوقات التي حالت دون قيامه بالسلوك والنشاطات التعليمية المتوقعة منه.

— يقترح المعلم البدائل من الاستراتيجيات والنشاطات والشروط التعليمية ويختار المناسب والممكن منها التي يؤدي استخدامها الى تحسين الأداء التعليمي وتحقيق الأهداف التعليمية المنشودة بأفضل صورة ممكنة.

ويركز الاشراف التربوي اهتمامه على ضرورة عقد هذا الاجتماع بين المعلم والمشرف، بحيث يشجع على التواصل المفتوح وبالتالي التغيير، الأمر الذي يوجب على المشرف أن ينجز إجراءات الاجتماع البعدي في إطار نفسي مريح.

شروط اللقاء البعدي الجيد:

— أن يعتبر المشرف التربوي نفسه مشاركاً في هذا الاجتماع وليس ملقناً للمعلومات.

- أن يكون هدف المشرف البحث عن الحقيقة وليس إقناع الآخرين بآرائه.
- أن تكون مشاركته الفعالة من خلال التغذية الراجعة من المعلم أكثر من اعتماده على تقويمه الشخصي.
- أن يكون موضوعياً في نقاشه.
- يفضل أن يعتقد الاجتماع في أقرب وقت ممكن بعد انتهاء الدرس ومدة الاجتماع يجب أن تكون ملائمة لدراسة الموقف التعليمي وتقويمه.

والاجتماع الناجح هو الذي يسفر عن اقتراحات حول الحلول الممكنة للصعوبات والمشكلات القائمة أو متطلبات التطوير وبالتالي يؤدي الى أعمال ومتابعة للتحسين، وفي نهاية الاجتماع يمكن أن يتفق المشرف التربوي والمعلم على جملة من النقاط التي تكون في أغلب الأحيان خطة عمل لزيارة أخرى من قبل المشرف، كما يمكن للمشرف في نهاية الاجتماع أن يرشد المعلم الى بعض المراجع ذات العلاقة بالجوانب التي جرى بحثها لإثارة رغبة المعلم في النمو والتطوير وحل مشكلاته، وأفضل هذه الاجتماعات التي تكون بناءاً على دعوة من المعلم نفسه لتبادل الرأي حول مشكلة تعليمية معينة والمبادئ التي تتطلبها هذه الاجتماعات هي تهيئة الفرصة للمعلم للمناقشة الواقعية للمشكلة، كما يتطلب أن يكون موعد الاجتماع مناسباً كذلك مكانه بحيث يمكن تحقيق الهدف منه.

فالمشرف التربوي يخصص سجلاً لهذا النوع من الاجتماعات يستفاد منه عند الرجوع إليه عند متابعة الموقف لتقوم نتائج العمل بالمقترحات التي توصل إليها الطرفان للاستفادة منها حيث يواجه المعلمون مواقف متشابهة.

المداولة الاشرافية

المقصود بالمداولة الاشرافية هو ما يدور من مناقشات بين المشرف التربوي وأحد المعلمين حول بعض المسائل المتعلقة بالأمور التربوية العامة التي يشتركان في ممارستها سواء أكانت هذه المناقشات موجزة أم مفصلة عرضية أم مرتب لها، والمداولة الاشرافية لها قيمة كبيرة في النمو المهني لكل من المشرف والمعلم وتعقد غالباً بعد زيارة الفصول لتبادل الرأي بما لاحظه المشرف ولتقويم نتائج الزيارة وتضم هذه المداولات مجموعة من المدرسين تحددها الديمقراطية والصراحة والحرية في تقديم الرأي لإثارة المشكلات الحقيقة ومحاولة حلها على أساس علمي ولن تنتج أي حلقة من هذه الحلقات الثمرة المرجوة إلا إذا أسهم الدارسون أنفسهم في هذه المناقشة نتيجة إحساسهم بالمشكلات وابتكار الحلول لها.

وللمداولات الإشرافية قيمة كبيرة في الكشف عن مدى التقدم الذي أحرزه المعلمون، وفي المناقشة المهنية، والمبدئية بين صفوفهم، فالمشرف التربوي القدير، المتفهم، الذي يعطيه المدرس ثقته ولا يتردد في استشارته، والرجوع إليه.

الأساليب الجماعية في الاشراف التربوي:

1. السلوب التشاركي في الاشراف

هو أسلوب يعتمد على مشاركة جميع الأطراف المعنية من مشرفين تربويين ومعلمين وتلاميذ في تحقيق أهدافه، فالسلوك الاشرافي في هذا النظام مستقل، وكذلك السلوك التعليمي للمعلمين والسلوك التعليمي للمتعلم، وبالتالي ينطلق هذا السلوب من نظرية النظم والتي تنظر الى العملية الاشرافية على أنها عبارة عن عدة أنشطة جزئية مستقلة.

ويعتبر هذا الأسلوب الطالب محور العملية الادارية في التربية على اعتبار أن التلميذ والمعلم والمشرف هي أنظمة جزئية متدرجة تستوعب بعضها البعض ابتداء

من التلميذ ثم المعلم ثم المشرف وجميعهم يقعوا ضمن السلوك الاداري كنظام أعم واشمل فهو يتضمن السلوك الاشرافي كما يتضمن السلوك التعليمي للمعلمين وسلوك التلميذ، أي أنها كلها أنظمة تؤثر وتتأثر ببعضها البعض.

والاشراف التشاركي فريد في أنه يعزز النمو من خلال التفاعلات الحادثة بين أعضاء المجموعة، بذلك تصبح المجموعة مكوناً طبيعياً لأحداث التجانس المهني، والاشراف في مجموعة هو فرصة للمرشدين، أن يتحسسوا الدعم الحميم، واقتسام الخبرات أو حل المهام المعقدة، وتعلم سلوكيات جديدة، والاشتراك في تدريب قلب الاشراف التعاوني – التشاركي هو التفاعل بين الخاضعين للاشراف، ومن منظور العلاقات فإن الاشراف الجماعي – التشاركي يوفر جواً ملائماً يتعلم فيه المشرف عليه أن يتفاعل مع أقرانه بطريقة تشجع المسئولية الذاتية وزيادة التعاطف بين المشرف المشرف عليه، فمصطلح: "الاشراف الجماعي" معروف بتركيزه على استخدام عملية المجموعة لتحفيز التعليم، فتكوين الاشراف الجماعي يتطلب أن يكون المشرفون معدين لاستخدام معرفتهم بعملية المجموعة على الرغم من أن كيفية عمل ذلك أمر غير واضح، كما يجب أن يكون المشرف قائداً للمجموعة حيث أن تكامل المعرفة والخبرة يتحفز بشدة بواسطة الاشراف الجماعي، وأسلوب الاشراف التعاوني أكثر فاعلية في تحسين سلوك المعلمين الفعلي واتجاهاتهم نحو الاشراف.

ويقوم الاشراف التشاركي على عدة مبادئ وأهداف منها:

— يركز الهدف الساسي حول سلوك التلميذ فالمشرف التربوي يؤمن بأن أهدافه الاشرافية ونشاطاته وأدواته التي يستخدمها يجب أن تكرس في سبيل تحسين تعلم التلميذ باعتباره محور العملية التربوية.

— الاهتمام بروح الانفتاح والتعاون المستمر بين المشرف والمعلم حيث يعتمد الاشراف التشاركي على تفاعل المصادر الانسانية التي تشتمل على

التلاميذ والمعلمين والمشرفين بشكل إيجابي باعتبار جميع الأطراف شركاء في الهدف الذي تنشد إليه العملية التربوية في تحقيقه.

— السعي من قبل المشرف نحو التنسيق بين المعلمين وتأمين الثقة والتقدير المتبادل معهم.

— الاهتمام ببناء شخصية متوازنة للمعلم والمشرف عن طريق تحسين نوعية التعليم.

— يعمل نظام الاشراف التشاركي على الاستمرار في دراسة حاجات النظام التعليمي مثل دراسة الامكانات المادية والموارد البشرية المتوفرة، والتي تعمل على تلبية حاجات هذا النظام وضرورة وضع استراتيجية لاستخدام هذه المصادر بهدف إتمام العملية التربوية.

والمشرف التربوي في إطار الاشراف التشاركي يقوم بدور المنسق ويحدث نوعا من التوازن بين السلطة والمسئولية ويؤكد الحاجة لدى المعلمين الى ضرورة مشاركة الطالب والحاجة إلى التغذية الراجعة من قبل المعلمين والطلاب، إن القيادات التربوية مطالبة بتوفير كافة التسهيلات والظروف لتمكين المشرفين التربويين والمدراء والمعلمين بأن يقوموا بالتعاون لإجراء البحوث الاجرائية التعاونية من أجل تحسين عملية التعلم، وكذلك تأهيلهم بكفايات تربوية وتعليمية، تساعدهم في تلبية حاجاتهم، وحل مشاكلهم بطريقة البحوث الاجرائية، وتحسين سلوكهم التنظيمي داخل منظومة الاشراف التربوي.

المتطلبات الواجب توافرها في المشرف:

المشرف التربوي في إطار هذا النوع من الاشراف التشاركي يمتلك عدة كفاءات منها:

— كفاءة القيادة التربوية بحيث تكون قادرة على تشخيص المواقف وتحديد أبعاد المشكلة وحجمها ومن ثم إصدار القرار المناسب في الوقت المناسب.

- كفاءة الدراسة التحليلية للمناهج الدراسية التي يتولى الاشراف عليها.
- يمتلك المشرف لغة الحوار مع المعلمين للاتفاق على معايير الحكم على الطالب.
- كفاءة التدريس فهو يعتبر المثال والنموذج للمعلم.
- كفاءة الارشاد للكشف عما هو غامض وعن تفسير الظواهر ونقل الصورة الى المعلمين.
- كفاءة تحديد المسئوليات وسلطة المعلم.

الاجراءات الأساسية في الاشراف التشاركي:

يتصف الاشراف التربوي بالشمول والتكامل، ويعتبر جميع من يعلمون فيه فريق يعمل من أجل تحقيق الأهداف التربوية، وقد سمى الاشراف التشاركي بالنموذج التطبيقي للزملاء على اعتبار أن جميع من يعملون تجمعهم روح الزمالة من أجل هدف معين، وهناك علاقات تحكم الاجراءات الأساسية التي تتم في أسلوب الاشراف التشاركي وتوجد مجموعة من الاجراءات الأساسية في أسلوب الاشراف التشاركي وهي:

- يوجد فيه المحور الاستشاري والمتمثل في لجنة استشارية والتي تتميز بوجود علاقات إنسانية مبينة على التفاعل والثقة بين أطراف العملية التعليمية.
- يوجد محور العمل والذي من خلاله تقوم كل أطراف العملية التعليمية بأدوارها.
- ويمكن للفريق بأسلوب الاشراف التشاركي أن يقوم بإضافة محاور قد يرونها ضرورية.
- يقوم المعلم بمناقشة التقارير مع المشرفين وفي وجود الزملاء لتبادل الآراء ووجهات النظر حول الحلول والبدائل.
- يشارك المعلم المشرف التربوي في اعداد الخطط للاشراف.

— يشترك المعلم في تقويم خطط الاشراف التربوي وتقويم التغذية الراجعة والاستفادة منها وتوظيفها في تطوير عمله التعليمي.

مميزات الاشراف التشاركي:

— يتسم بالتشاركية والعلمية والعمق في تناول القضايا التربوية.

— يقوم على التوصل والحوار المفتوح بين المعلم والمشرف.

— اقتناع المعلم بما ينشد تغييره من ممارسات في سلوكه التعليمي.

— يحسن اتجاه المعلم نحو الاشراف التربوي.

— تلبية حاجات المعلمين ومعالجة مشكلاتهم بطريقة البحث الاجرائي التعاوني.

— تحديد وبلورة مسئوليات المشرف التربوي.

— تحسين العملية التعليمية من خلال الخوض في أعماقها.

أسلوب الاشراف بالأهداف:

هو عبارة عن مجموعة من العمليات التي يشترك في تنفيذها كل من المشرف والمعلم، وتتضمن هذه العمليات تحديد الأهداف التي يراد تحقيقها تحديداً واضحاً وقابلاً للقياس، وتحديد مجالات المسئوليات الرئيسية لكل من المشرف والمعلم في ضوء النتائج المتوقعة واستعمال المقاييس المجددة لقياس الأهداف من أجل ضبط سير العملية الاشرافية وتنظيمها.

لقد ظهر مفهوم الاشراف بالأهداف كاتجاه جديد، يهدف الى زيادة فعالية المنظمة الادارية بالتركيز على تحقيق الأهداف عن طريق مشاركة جميع الأعضاء في التنظيم في وضع الأهداف المرجو بلوغها، على أن تكون الأهداف محددة زمنياً، وقابلة للقياس، وتعطى نتائج افضل، والاشراف التربوي ضمن هذا الاتجاه يصبح إشرافاً بالأهداف.

وتعرف الادارة بالأهداف بأنها عملية توضح بواسطتها أهداف المنظمة مـن خـلال مشـاركة أعضاء المنظمة في صياغة هذه الأهداف من أجل تحقيق النتائج المتوقعة ويؤكد ذلك نظرية الادارة بالأهداف وهي عبارة عن " نوع من الادارة تتخذ الأهداف منهجاً لها في العمل الاداري، كما أنها في نفس الوقت إدارة تقوم على أساس إنجاز الأهداف دون الالتزام بالعمل فهي العملية التي يتكامـل فيها الناس داخل التنظيم فيما بينهم، فيوجهون أنفسهم نحو تحقيق أهداف المؤسسة وأغراضها".

وعرفها البعض الأخر: "بأنها العملية التي يسهم بها أفراد المنظمة في وضع أهدافها وأغراضها التنظيمية على شكل نتائج متوقعة فهي العملية التي يكثف بها التابعون رقابة أكثر وحرية أكبر في اختيار مسئولياتهم الخاصة وأنها ترمى إلى إنجاو الأهداف التنظيمية عـن طريـق زيـادة إلتـزام الموظفين بالعمل ومشاركتهم فيه".

تقوم الفلسفة الأساسية للادارة بالأهداف على مبدأ الادارة التشاركية، بمعنـى أن تحـدد كـل مؤسسة عن طريق مشاركة العاملين فيها، أغراضها وأهدافها، ثم تطور خطط العمل اللازمة لبلـوغ هذه الأهداف، من خلال معرفة واضحة بالطاقات والامكانات التي ستسهم في تنفيـذ العمـل خـلال فترة زمنية معينة، وتحدد الوسائل التقويمية لمعرفة مدى تحقيق الأهداف ودور كل عامـل في بلـوغ أهدافه الخاصة، أو أهداف المؤسسة ككل، بحيث يتم ذلك في جو منفتح، متسم بالحرية والراحة.

أ- مبادئ الاشراف بالأهداف:

إذا كان هدف الاشراف التربوي العام هو تحسين العملية التعليمية فأنه يتم عن طريق اشتقاق مجموعة محددة وواضحة من الأهداف والمبادئ التي تحكمها وتميزها عن أي أسلوب أخر ومنها:

— تحديد وصياغة الأهداف في صورة وصف للنتائج المطلوب تحقيقها خلال فترة زمنية محددة وبطريقة تشاركية بين الرؤساء والمرءوسين.

— تخطيط الوحدات التعليمية، وتحديد المعايير والمقاييس المناسبة.

— رسم الأهداف وصياغتها من قبل الادارة التعليمية وفرضها على المعلمين عن طريق المشرفين، وقياس نجاح المعلم وقدرته على تحقيقها، والتي غالباً ما يتم رفضها من قبل المعلمين الذين يرون أنها نوع من التفتيش.

— تحديد الأساليب والوسائل والاجراءات اللازمة التي يجب الاعتماد عليها من أجل التقدم نحو الأهداف المحددة في شكل نتائج.

— الرقابة الذاتية من قبل المعلمين والمدربين لتحقيق الأهداف التعليمية التي تم تحديدها.

— إعداد الوسائل اللازمة للتقويم المرحلي، والتعرف على مدى التقدم في كل مرحلة من مراحل العمل نحو بلوغ الأهداف.

— مراجعة النتائج التي تم التوصل إليها ومقارنتها بالأهداف التي تم تحديدها مسبقاً بشكل نتائج العمل.

— وضع نظام يتضمن قواعد مستمرة للمتابعة والتقويم للتعرف على أيجابيات وسلبيات العمل أولا بأول خلال الفترة الزمنية المحددة.

— اتخاذ القرارات المناسبة واللازمة في ضوء النتائج التي يتم الحصول عليها لتحديد العمال في الفترة التالية والاجراءات اللازمة.

– يسعى الاشراف التربوي الى إمداد المعلمين والمديرين بـالخبرات الحديثـة والممارسـات الفعالة في تحديد وتحقيق أهداف التعليم والتعلم.

ب. دور المشرف في الاشراف بالأهداف:

فنجاح أسلوب الاشراف بالأهداف يتوقف على وجود القائد التربوي الـديمقراطي التشاوري وضرورة توفير الأمن والاحترام والثقة بينه وبين العاملين من ناحية وبين العاملين فيما بيـنهم مـن ناحية أخرى، منها ويسهم أسلوب الاشراف بالأهداف في تحقيق ذات العاملين وتعزيز الثقة الذاتيـة لديهم وتطوير صحتهم النفسية ورفع روحهم المعنوية.

ويمكن القول بأن دور المشرف يتمثل في العمل على بناء الالتـزام الـداخلي لـدى العـاملين لضمان تنفيذ الأهداف التي تم الاتفاق عليها وتناول العمق في المحتوى التعليمي مـن خـلال تنـاول مستويات الأهداف التربوية، ولتحقيق الأهداف السـابقة يناط بالمشرف التربوي عـدد مـن المهـام الوظيفة المتمثلة في:

– فهم اللوائح التنظيمية، وإحاطة الهيئة التعليمية بكل ما هو جديد فيها.

– ربط المدرسة بالمجتمع المحلي، واحتياجاته، ومتطلباته،

– متابعة العملية التعليمية وضبطها وفقا للأهداف المحددة.

– تقويم الأداء وتقويم النتائج.

– الاشراف على الامتحانات التي تقيس قدرة الطالب الحقيقة في الوصـول الى الأهداف التحصيلية للعملية التعليمية.

– تطوير الخطط المدرسية.

– المشاركة في عدد من اللجان المتخصصة، نظرا لـدور المشرف القيـادي والمهنـي، مثـل لجنة تطوير المناهج ولجنة الوسائل التعليمية، ولجان البرامج الخاصة للأنشطة.

- أن ينطلق المشرف من مبدأ المشاركة وفهم ديناميات الجماعة.

ج. خطوات عملية الاشراف بالأهداف:

عملية الاشراف بالأهداف عادة ما تمر بالخطوات التالية.

- يقوم المشرف التربوي بتحديد الأهداف مع المعلمين وتكون واضحة ومحددة وقابلة للتحقيق في فترة زمنية معقولة.

- يقدم المشرف التربوي مؤشرات الأداء ومعاييرها التي تلبي الأهداف السابقة.

- اشتقاق أهداف جزئية تنبثق عن الأهداف الواردة في المرحلة الأولى.

- وضع أهداف إجرائية لكل جانب من جوانب الاشراف المراد العمل فيها.

- اشتراك المشرف والمعلمين في وضع معايير لقياس الأهداف الجزئية من الأولى.

- تقدير مشترك من جانب المشرف التربوي والمعلمين لجدوى الأهداف الاولى.

- صياغة أهداف جزئية، تستخدم عند فشل تحقيق الأهداف الأولى.

- تنقيح المهام الموكلة لكل فرد من أفراد الفريق، ومراجعة الخطط التفصيلية، ودور كل من العاملين المشتركين فيها.

- دراسة أثر الأنظمة الفرعية الأخرى ذات الصلة بنظام الاشراف التربوي.

- مراقبة العمليات وضبطها، وهذه عملية مستمرة تسير مع العملية الاشرافية.

- تقويم الأداء وتقويم النتائج.

د. مميزات الاشراف بالأهداف:

وهكذا نجد أن الاشراف بالأهداف يتميز بفعاليته، ويتفق مع الاشراف التشاركي في توحيد الجهود بين المشرف والمعلم وفتح قنوات الاتصال بينهما ويتميز الاشراف بالأهداف بمجموعة من المميزات أهمها:

- توحيد الجهود بين المشرف والمعلم وفتح قنوات الاتصال بينهما.

- يركز على العمل المشترك للمعلم والمشرف في التخطيط والتحليل والتقويم.

- تواكب عملية المراجعة والمتابعة سير العملية التعليمية.

وبالتالي فإن هذا النوع من الاشراف يكون مجدياً عندما تكون الأهداف المراد تحقيقها قابلة للقياس ويمكن ملاحظتها لذلك فإن وضع الأهداف لا بد من وضع معايير يمكن قياس تحقيقها.

3. اسلوب الاشراف التطوري:

يركز هذا الأسلوب من الاشراف على المستويات التطورية للمدرس وتأثيرها على الأداء والعلاقات الشخصية في إطار إشرافي، يقوم هذا المفهوم على دراسات نفسية لنظريات عديدة عن تطور الناضجين، وتطور المدرس، ويشجع الاشراف التطويري باختيار طريقة للاشراف تسمح بأكبر تطور ممكن لكل من مدرس، فمعرفة كيف يتطور المدرسون الى ناضجين أكفاء، هو العنصر الموجه للمشرفين في ايجاد طريقة لإرجاع الحكمة، والقوة السيطرة لكل من الأفراد ولهيئة العاملين حتى يصبحوا مهنيين حقيقيين.

اسس الاشراف التطوري:

- يختلف المعلمون في مستوى تفكيرهم التجريدي ومستوى دافعيتهم للعمل بصفة عامة وذلك لأنهم أصلاً يختلفون فيما بينهم من حيث خلفياتهم العلمية والشخصية.

— هناك اختلاف بين المعلمين بصفة عامة في مستوى قدراتهم العقلية، ولذا فإنـه لا بـد من استخدام أساليب إشرافية مختلفة من قبل المشرفين التربويين.

— السعي من قبل الموجهين لرفع مستوى التفكير والدافعية للمعلـم، مـن خـلال زيـادة قدراته على توجيه نفسه توجيهاً ذاتياً لحل المشكلات والعقبات التي توجهه في مجال عمله.

وبالنظر الى تلك الأسس نجد أنها تعتني بالفروق الفردية لدى المعلمين، خصوصاً فيما يتعلق بالقدرات العقلية ومستوى التفكير التجريدي ومستوى الدافعية للعمل.

اهداف الاشراف التطوري:

وهناك مجموعة من الأهداف التي يسعى الاشراف التطوري لتحقيقها وهي:

أ. تنويع الأساليب الاشرافية تبعاً للاحتياجات الفردية لكلا من المعلم والمدير.

ب. تشجيع وتنمية روح الابتكار والتجديد بما يتناسب مع العصر.

ج. استثمار الطاقات البشرية وإتاحة الفرصة لها لإطلاق طاقتها وقدرتها لتطوير العملية التعليمية.

د. احترام شخصية المعلم والمدير واحترام قدراته الخاصة ومساعدته في تقييم ذاته.

ه. تكوين علاقات حسنة ومستمرة بين المشرف التربوي والهيئة التعليمية.

و. تقويم عمل المؤسسات التربوية من خلال إنتاجية قيادتها من معلمين ومديرين.

وفيما يلي يمكن توضيح أوجه التباين بين المعلمين، من خلال ما يلي:

1. **مستوى الدافعية للعمل لدى المعلمين:**

وتم تصنيفها الى ثلاث فئات:

- معلمون أنانيون وهم يقدمون المصلحة الخاصة على المصلحة العامة.

- معلمون يهتمون بالتلاميذ كمجموعة واحدة متجانسة.

- معلمون يهتمون بالتلميذ كفرد، ويتم التركيز من خلال هذه المجموعة على إمكانيات كل تلميذ، وقدراته، والعمل على صقلها، وتطويرها.

وعلى ضوء هذا التصنيف تم تصنيف المعلمين من حيث مستوى دافعيتهم للعمل الى فئتين رئيسيتين هما:

- مستوى مرتفع لمهنة التدريس والتعامل مع معطياتها المختلفة.

- مستوى منخفض لمهنة التدريس والتعامل مع معطياتها المختلفة.

ب. مستوى التفكير التجريدي لدى المعلمين:

وتم تصنيفهم الى ثلاث فئات هي:

- معلمون أصحاب تفكير تجريدي مرتفع.

- معلمون أصحاب تفكير تجريدي متوسط.

- معلمون أصحاب تفكير تجريدي منخفض.

وقد تم تحديد مراحل الاشراف التربوي التطوري التي يجب أن تتبع، بعد أن يتم اختيار النمط الاشرافي المناسب لكل معلم من قبل الموجه، وهذا الاختيار يتم بعد أن يعرف المشرف التربوي مستوى الدافعية للعمل، ومستوى التفكير التجريدي لكل معلم حيث يقوم بعملية مزاوجة بين مستوى الدافعية للعمل ومستوى التفكير التجريدي المناسبين لكل معلم، وبالتالي تكون مهمة المشرف

التطوري الأولي هي تحليل مستوى عمل المدرس أو مجموعة من المدرسين، على أساس اهتمام منهجي أو تعليمي معين.

ويعتبر المحدد في عملية تحليل المشرف هو مستوى التعبير الذي يظهره المدرس أو المجموعة. ويقوم المشرف بعد ذلك بالتحليل عن طريق المناقشة وملاحظة المدرسين في أثناء العمل وتوجيه أسئلة مثل، ما المناطق التي تحتاج الى تطوير في الفصل وكيف تعرف أن تلك المنطقة تحتاج الى اهتمام، وماذا يمكن أن تفعل حيالها، كما أن ملاحظة المدرسين في أثناء العمل قد يساعد المشرف في تحديد المستويات المختلفة للتفكير التجريدي للمدرس.

والخطوة التالية هي خطوة تكتيكية، حيث يهتم بمساعدة المدرس في حل المشكلات التعليمية الحالية، ويتضمن الشكل التكتيكى مدى ملائمة الطريقة الاشرافية لمستوى تجريد المدرس، حيث يستخدم المشرف منهجاً توجيهياً مع المدرسين ذوي التفكير التجريدي المنخفض، والمنهج التعاوني مع المدرسين متوسطي التفكير التجريدي، والمنهج غير التوجيهي مع المدرسين ذوي التفكير التجريدي المرتفع.

وهكذا نجد أن الاشراف التطوري من الاتجاهات الحديثة التي تراعي الفروق والاحتياجات الفردية للعاملين في مجال التربية والتعليم، وبالتالي التعامل معهم على حسب قدراتهم واستعداداتهم مما يتيح الاستفادة من الوقت، واستثماره في مجالات أخرى بدلاً من إعطاء إرشادات وتوجيهات لا تتكافأ مع الاحتياجات والقدرات العقلية للمعلمين أو المديرين.

وظائف المشرف التربوي في الاشراف التطوري:

يقوم المشرف بمجموعة من الوظائف من خلال الاشراف التطوري ومن أهمها ما يلي:

1. التخطيط المستمر للعملية الاشرافية الأسبوعية والشهرية والسنوية.

2. تنظيم الاجتماعات الفردية مع المعلمين والمديرين.

3. التأكد من مدى إلمام العاملين في التعليم بالجديد في مجال التربية والتعليم سواء كان ذلك في المادة أو طريقة التدريس أو الوسائل التعليمية.

4. تدريب المعلمين والمديرين على طرق العمل الجديدة في التدريس والادارة بما يتناسب مع المتطلبات العصر.

5. مساعدة المعلم أو المدير حديث الخبرة على فهم واستيعاب العمل.

اسلوب الاشراف الإكلينيكي:

هو أسلوب إشرافي موجه نحو تحسين سلوك المعلمين الصفي وممارستهم التعليمية عن طريق تسجيل الموقف التعليمي الصفي بأكمله، وتحليل أنماط التفاعل الدائرة فيه، بهدف تحسين تعلم التلاميذ، ويعتبر الاشراف الإكلينيكي من الاتجاهات التي تركز على المهارات وطرق التدريس بقصد تحسين التعليم، ويعني مصطلح إكلينيكي، التقويم والتحليل ومعالجة حالات حقيقية ومشكلات واقعية ملموسة في الميدان التعليمي، ويهدف الاشراف الإكلينيكي الى مساعدة المعلم وتوضيح المشكلات، واستقبال المعلومات من المشرف وتنمية الحلول التي تساعد المشرف على القيام بدوره في العملية التعليمية على أكمل وجه.

ويعرف الاشراف الإكلينيكي على أنه الاتصال المباشر مع المدرسين بهدف تطوير التعليم وزيادة النمو المهني.

كما يعرف بأنه تحليل المعلم لعملية أداء التدريس بهدف تطوير التعليم والعملية التعليمية.

ويعرف الاشراف الاكلينيكي بأنه يعني المباشرة، أو الاشراف على العملية أو العمل أو العاملين أثناء الأداء للسيطرة على الوقت.

وفي الاشراف الإكلينيكي يقوم المشرف التربوي باختيار المعلم بعد انتهاء الملاحظة داخل الفصل، ويسأله محاولا جعل الفصل أكثر حيوية ونشاطاً عن طريق اتصاله بالمعلم بطريقة دقيقة وصحيحة مقترحاً طرقاً خاصة لماذا الفصل غير نشيط وفعال؟.

ويهدف الاشراف الإكلينيكي الى معالجة قصور المعلمين عن القيام بمهامهم على أكمل وجه، من أجل تحسين التعليم الصفي وليتسنى لنا وصف الداء قبل الدواء فلا بد لنا من تحديد والتعرف على مواطن الضعف لدى المعلم من أجل تقديم المساعدة له.

مبررات استخدام الاشراف الإكلينيكي

ومن أهم مبررات استخدام الاشراف الإكلينيكي ما يلي:

— عدم كفاية الأعداد قبل الخدمة، وضعف الممارسات التعليمية الصفية التي يعاني منها المعلمون المبتدئون خريجو مؤسسات إعداد المعلمين قبل الخدمة بوجه عام.

— فشل الممارسات السائدة في برامج الاشراف التربوي بأساليبها وطرائقها وأدواتها.

— تلاحق المستحدثات التعليمية والتجديدات وكثرتها كماً ونوعاً وضـغطها المتواصـل عـلى المدرسة وعلى أطراف العملية الاشرافية، وعدم توافر الاشراف الفعال.

ويتصدى الاشراف الإكلينيكي مباشرة للمهارات التعليمية بقصد تحسـينها وزيادة فاعليتها، وهو أسلوب مفتوح يتسم بالدورية، ويعتمـد عـلى مشـاركة المشرف للمعلم مشاركة حقيقية في تنفيذ كل خطوة من خطواته.

أهداف الاشراف الإكلينيكي:

يسعى الاشراف الإكلينيكي الى تحقيق مجموعة من الأهداف هي:

— إقامة علاقة جيدة بين كل من المشرفين والهيئة التعليمية في المدرسة.

— الأداء الفعال داخل الصف، ومساعدة المعلم على تلافي أي قصور.

— رفع مستوى التحصيل للطلاب.

— تفعيل الزيارات الميدانية للمشرفين التربويين.

— تطوير الأداء تبعا للتغيرات المجتمعية والتربوية.

— تقويم وقياس مدى إنجاز الطلاب للأهداف الموضوعية في الخطة الدراسية.

— بيان الأنماط البارزة في السلوك التعليمي الصفي.

مراحل الاشراف الإكلينيكي:

يهدف الاشراف التربوي الإكلينيكي الى زيـادة فاعليـة دور المعلـم وسـلوكه مـن خـلال التفاعـل الحقيقي التربوي، وكذلك إشراكه في عمليات التخطيط والملاحظة والتحليل والتقويم والعلاج، مما يؤدي الى اختفاء عنصر المفاجأة الذي ترتكز عليه الأساليب القديمـة في الاشراف، مـما يـؤدي الى إدراك المعلم لدور المشرف التربوي

والذي يتمثل في المساعدة على تحسين أدائه في الموقف الصفي، ويتفق معظم التربويون على أن مراحل الاشراف الإكلينيكي تتم في المراحل التالية:

المرحلة الأولى: إقامة العلاقة بين المشرف والمعلم، يجب على المشرف أن يتخذ خطوة المبادأة لبناء روح التعاون.

المرحلة الثانية: التخطيط مع المعلم ويتم ذلك عندما تكون هناك مشاركة في الناتج، ومناقشة مشكلات التدريس، ومراجعة المادة التعليمية وأهم الوسائل المتاحة التي تساعد في عملية التدريس.

المرحلة الثالثة: التخطيط الاستراتيجي للملاحظة، الذي يتم بين المشرف التربوي والمعلم بالاتفاق حول المعلومات التي يجب أن تجمع من الملاحظة.

المرحلة الرابعة: ملاحظة عملية التدريس وتتضمن ملاحظة المشرف للفصل أثناء قيام المعلم بالتدريس وتسجيل الأحداث التي تدور داخل الفصل.

المرحلة الخامسة: تحليل المواقف التي تتم مشاهدتها داخل الفصل والتي تشمل تحليلاً لعمليات التعلم للمعلم، ويجب على المشرف في هذه المرحلة التركيز على نواحي القوة أكثر من المشكلات.

المرحلة السادسة: الخطط الاستراتيجية يقوم المشرف بعمل خطة لاتباعها فيما بعد مع المعلم، وضرورة مقابلة المشرف على المعلم لعمل مراجعة البيانات الوصفية من خلال الملاحظة واللقاء بين المشرف والمعلم.

المرحلة السابعة: التخطيط المتجدد وتضامن المشرف والمعلم على أي تغيير في عمل المعلم، وبداية التخطيط عند عمل برنامج أخر في

الاشراف يوضع في الاعتبار، بمعنى أن تكون العملية ذات طبيعة دائرية.

المشرف التربوي ودوره في الاشراف الإكلينيكي:

لكي يحقق الاشراف الإكلينيكي الهدف الذي يسعى الى تحقيقيه فلا بد للمشرف التربوي أن يغير نظرته عن ذاته وعن العمل الذي يقوم به وأن يحدد ميدان عمله ليس بالنسبة لما يستطيع أن يفعله لمساعدة المعلم في تحسين تدريسه، ولكن بالنسبة لما يحتاجه المعلم في تحسين تدريسه فالاشراف الإكلينيكي إرشاداً وتوجيها فالمشرف التربوي قادراً على تقديم هذه المساعدة، والعلاقة بين المشرف التربوي والمعلم علاقة مساعدة تعد قوة أساسية تعمل لتؤثر على المعلم في تغير سلوكه فالعلاقة تبادلية بين طرفي العملية التعليمية، فالمشرف التربوي يساعد المعلم والمعلم يساعد المشرف التربوي، بحيث يعملان معاً كمشاركين في تحسين تعلم الطلاب من خلال تحسين تدريس المعلم.

وعملية الاشراف الإكلينيكي تسير في دورة تبدأ بالتخطيط التعاوني بين المشرف والمعلم قبل الملاحظة وتكون الخطة التي وضعها كل من المشرف التربوي والمعلم عبارة عن توقيعات عما يمكن أن يحدث داخل غرفة الفصل بالإضافة الى الطرق والأساليب التي سوف تتبع لرصد السلوك داخل الفصل، والأدوات والوسائل اللازمة لتنفيذ ذلك، وبعد الاتفاق على الخطة التي يجري تنفيذها داخل غرفة الفصل تأتي عملية الملاحظة، ويقصد بعملية الملاحظة الاجراءات التي يتم من خلالها فحص الأفراد بعناية وتحليل التفاعلات التي تتم أثناء التدريس، وبذلك يتضح دور المشرف في الاشراف الإكلينيكي في مساعدة المعلم لتحسين أدائه في الوقت التعليمي، في جو من التفاعل المفتوح المليء بالود والثقة، الأمر الذي يؤدي الى تغيير ممارسات المعلمين التعليمية، والتغيير الايجابي في اتجاهاتهم نحو الاشراف، وعليه فالاشراف الإكلينيكي يتطلب فهما عميقاً

من قبل المشرف والمعلم معاً لجميع خطواته، وتكون مهمة المشرف الإكلينيكي هي مساعدة المدرس في التخلي عن الأسلوب التقليدي وتنمية أسلوب يقوم على القيم، والمواهب، والقدرات الشخصية.

مزايا الاشراف الإكلينيكي:

— يجعل المعلم طرفاً فعالاً في العملية الاشرافية.

— يهتم بتحسين مستوى التدريس الصفي للمعلم.

— يثير دافعية المعلم ويحثه نحو الجيد النافع.

— الاشراف الإكلينيكي يثق بالمعلم كما يهتم بتنمية وتطوير كفاياته في التدريس الصفي.

— يشرك المعلم في التخطيط وفي عملية التحليل والتقويم.

— يلتزم المعلم بتعديل سلوكه التعليمي نتيجة مشاركته في تحليل أسلوب التدريس التعليمي.

— يعزز سلوك المعلم بتغذية راجعة تنعكس مباشرة على تطوير عمله وأساليبه المستقلة.

ويعد الاشراف الإكلينيكي أسلوباً إشرافياً مؤثراً فعالاً، باعتبار أن المعلم فاعلاً ونشيطاً في العملية الاشرافية يساهم في تقديم التغذية الراجعة الضرورية لتعديل وتطوير الخطة الاشرافية، ويعتبر أسلوباً فعالاً في تغيير أنماط السلوك التعليمي الصفي للمعلمين تغيراً إيجابياً، ونقلهم الى مستوى أعلى في الأداء يؤدي الى إحداث آثار جوهرية في العملية التعليمية.

أسلوب التعليم المصغر:

هو أسلوب يستند على قيام المعلم بتعليم الطلاب لفترة قصيرة تحت مراقبة مشرف متخصص، ويعرف بأنه مفهوم تدريبي مستحدث للتطوير المهني للمعلمين

يعتمد على الاستخدام المنطقي الهادف لموقف تعليمي فعال لكنه مبسط من حيث عدد التلاميذ، ومدة الدرس، والمهارات المستخدمة فيه.

ويعتبر الاشراف المصغر مجموعة من المهارات الجزئية، يجب أن يتدرب عليها من يمارسها، وقد أشتق التعليم المصغر من خلال ملاحظة المشرف لإحدى مهارات التدريس في فترة زمنية قصيرة ثم يقوم بتحليلها مستخدماً تكنولوجيا التربية والوسائل التعليمية المتاحة.

ويهدف أسلوب الاشراف بالتعليم المصغر الى التركيز على مهارة معينة أو أسلوب محدد مع الادارة من عدة مصادر للتغذية الراجعة منها المشرف التربوي الطلاب ذاته، والاشراف التربوي يجعل التحليل منسقا وموحداً للملاحظة، فإعادة التعليم تعطى المعلم فرصة لتحديد ما اذا كان سلوكه قد تغير وفقاً للمقترحات التي اتفق عليها في الاجتماع مع المشرف أم لا، وبذلك فهو يتيح للمعلم فرصة تكرار الموقف التعليمي لطلاب آخرين، مع عملية نقد وتقييم أخرى بغية رفع العملية التعليمية.

مزايا الاشراف بأسلوب التعليم المصغر:

يتميز الاشراف التربوي المصغر بعدة مزايا منها ما يلي:

— يعمل المعلم والتلاميذ معاً في وضع تدريبي.

— يقلل من تعقيدات التعليم في الصفوف العادية وذلك بسبب تقليل حجم الصف ومجال الدرس ومحتواه ومدته.

— يعد التعليم المصغر تعليم حقيقي وفعلي مهما كان الدرس صغيراً ومهما كان عدد الطلاب قليلاً.

— يمتاز بأنه يتيح الفرصة للقيام بتدريب مركز وموجه وفق أهداف محددة.

— يسمح بالمراقبة المتزايدة للممارسة.

- يسمح لكل تلميذ أن يمر بسلسلة من الخبرات في جو مركز مضبوط.
- يتيح الفرصة لتوجيه الأسلوب التربوي الخاص بالمعلم.
- يركز على واجبات محددة مثل المهارات التعليمية والأساليب التدريسية.
- يتصف بالصدق والأمانة بسبب استخدامه أجهزة الفيديو فيقوم يتبصير المعلم بأخطائه ومعرفته بها قبل أن يقوم بممارستها على طلابه.

مبادئ الاشراف التربوي بالتعليم المصغر:

يقوم الاشراف بالتعليم المصغر على مجموعة من المبادئ أهمها:

- التعرف على المشكلة التي يسعى المعلم الى ايجاد حل لها.
- بناء أهداف محددة يسعى المعلم الى تحقيقها من خلال مساعدة المشرف التربوي له.
- إعداد وتقويم مقترحات بديلة لحل المشاكل التي تواجه المعلم أثناء عمله لتحقيق أهدافه.
- التقييم المستمر للنظام التربوي وتقديم بدائل أفضل.

أسباب نجاح الاشراف التربوي بالتعليم المصغر:

- يوجه الانتباه الى السلوك التعليمي.
- يحسن التفاعل بين المعلم والتلميذ.
- يعتمد على التجربة والميدان.

ويعتبر الاشراف التربوي بأسلوب التعليم المصغر أسلوباً إنسانياً في معالجة مشكلات المعلمين والوقوف على اهتماماتهم ومراعاة ميولهم، كما يسعى الى مساعدتهم على فهم أنفسهم واكتشاف ذاتهم وتقويم إمكاناتهم، وهو أسلوب مفتوح غير مغلق ويمكن الاعتماد عليه في التنبؤ والضبط لبعض الأنماط التي

يمكن أن تنشأ وذلك لأن مداخلاته متنوعة ومعقدة الى حد كبير ولوجود علاقات ديناميكية بين مكوناته.

نماذج الاشراف التربوي

1. نموذج فلاندرز في الاشراف التربوي.

أ. المفهوم والأهداف:

يعد هذا النظام محاولة جادة تسعى الى تقديم المساعدة للمعلمين والطلاب كي يصبحوا أكثر حساسية وتجاوبا ويجدون في التفاعل الايجابي المفتوح لتحقيق مستوى أعلى في العملية التعليمية، وأن يصبحوا أكثر فعالية في استخدام جملة من السلوك تمثل التعليم الناجح، ويمكن أن يستفيد من الاشراف التربوي في تقييم الأداء في غرفة الصف بصورة عملية دقيقة وفي توجيه المعلمين توجيها أفضل نحو السلوك غير المباشر وتحسين الجو الاجتماعي التفسي- بين المشرف والمعلم والطالب.

تحليل النظام التعليمي:

يحتوي النظام على عشر فئات سلوكية تتضمن 37 سلوكاً جزئياً مختلفاً للمعلمين والطلاب صنفت الى ثلاث مجموعات رئيسية هي:

- سلوك المعلم اللفظي.
- سلوك الطالب اللفظي.
- سلوك آخر.

قسمت المجموعة الأولى (سلوك المعلم اللفظي) الى سبع فئات سلوكية مختلفة تضمنت واحدا وعشرين سلوك جزئياً، بينما قسمت المجموعة الثانية (سلوك الطالب اللفظي) الى مجموعتين رئيسيتين تضمن أربعة عشر سلوكاً

جزئياً وتضمن المجموعة الثالثة سلوكين جزئيين تحت الفئة السلوكية (10) لكل من سلوك المعلم والطالب.

وفيما يلي وصف لكل فئة من السلوك في هذا التفاعل:

— سلوك المعلم اللفظي هناك سبع فئات سلوكية وهي:

الفئة الاولى: المشاعر وتضمنت:

— تقبل مشاعر الطلبة.

— تعبير المعلم عن مشاعره.

الفئة الثانية: التعزيز ويتضمن:

— التعزيز الايجابي للطالب أو الصف.

— تقديم نكتة تزيل التوتر على الا تكون على حساب الاخرين.

الفئة الثالثة: التغذية الراجعة وتتضمن:

— بناء الأفكار على استجابة الطالب.

— إعادة استجابة الطالب أو توضيحها.

— طرح استجابة الطالب على الطلاب لإجراء تعليق واسع.

— تمييز المعلم اللفظي فيما إذا كان أحدا من الطلبة يرغب في الحديث أو أبداء الرأي.

الفئة الرابعة: طرح الأسئلة وتتضمن:

— أسئلة معلومات يمكن الطالب الاجابة عليها.

— أسئلة من مستوى التحليل.

— أسئلة من مستوى التطبيق أو أسئلة يتخذ فيها الطالب القرار.

— أسئلة فعالة حول المشاعر والاتجاهات والقيم.

— أسئلة من مستوى التركيب.

الفئة الخامسة: إعطاء المعلومات وتتضمن:

- أسلوب المحاضرة.

- العرض اللفظي والبصري.

- الاجابة عن أسئلة الطالب.

الفئة السادسة: إعطاء التعليمات وتتضمن:

- إعطاء التعليمات.

- تأكيد نقاط رئيسية وجلب الانتباه اليها.

- توجيه الطالب للاستجابة.

الفئة السابعة: انتقاد وتبرير السلطة من المعلم وتتضمن:

- انتقاد الطالب أو الصف.

- التعزيز اللفظي السلبي.

- سلوك الطالب وهناك فئتين.

الفئة الثامنة: كلام الطالب المباشر تتضمن:

- إجابة الطالب عن سؤال المعلم.

- إجابة تحليلية عن السؤال المعلم.

- قرار موضح في الاجابة عن سؤال المعلم.

- اتجاهات ومشاعر وقيم موضحة في جواب الطالب عن سؤال المعلم.

- سؤال الطالب كرد على سؤال المعلم.

- أبداء الطالب عدم الرغبة في الاجابة أو قوله بأنه لا يعرف.

- إجابة الطالب بشكل ساخر عن سؤال المعلم.

الفئة التاسعة: كلام الطالب كمبادئة منه وتتضمن:

- إعطاء الطالب محتوى دون أمر من المعلم.

- تعليق بمستوى التحليل.

- تعليق بمستوى التطبيق أو اتخاذ القرار.

- التعبير عن المشاعر والاتجاهات والقيم.

- سؤال عن المحتوى أو الطريقة.

- تعليق بقطع حديث الصف.

- تعليق بنكته ساخرة.

الفئة العاشرة: سلوك مرتبط بالحوار ويتضمن:

- الصمت.

- التشويش.

قواعد تحليل النظام التعليمي:

- تسجيل كل تغير في السلوك بما في ذلك تغير السلوك عن المعلم والطالب دون التغير عند المتكلم.

- سجل السلوك كل ثلاث ثوان أو كل ما يتغير عن السلوك.

- التغذية الراجعة الايجابية تسمى تعزيزاً بينما السلبية تسمى انتقاداً.

- أهمال كلام المعلم الجانبي أثناء حديث الطالب إذا لم يؤثر على جو التفاعل.

- عبارات التغذية للطالب ومدحه والمحتوى الذي يطلقه المعلم أحيانا أثناء حديث الطالب تسجل تقديراً.

- عندما يحصل اختلاف بين فئتين سلوكيتين يجب أن تختار الأقل.

- إذا استخدم المعلم أفكار الطالب ولو أنها عرضت في وقت سابق تسجل في الفئة الثالثة.

- عندما يوجه المعلم السؤال للصف ويجيب طالب يسجل مبادئه في الفئة التاسعة.

- عندما يطلب المعلم من الطالب معلومات إضافية للتوضيح يسجل في الفئة الرابعة.

- الاسئلة التوضيحية تسجل في الفئة الخامسة.

- عندما يقوم المعلم بتعليق واضح حول أهمية الاجراءات التـي يجـب أن تتبـع بهـدف تحقيق معرفة معينة أو مهارة أو قرار تسجل في الفئة السادسة.

- عندما يسأل المعلم سؤالا ويطلب من طالب محدد أن يجب أن تسجل بـرقم في الفئـة الرابعة ثم نتبعها برقم في الفئة السادسة.

- إذا حدد الطالب الذي يقوم بالاجابة فأن رده يسجل في الفئة الثانية.

- عندما يعطي المعلم معلومـات ويسـأل طالـب مستفسـراً يسجل استفسـاره في الفئـة التاسعة.

- عندما يقوم المعلم أن الاجابة خطأ فأن ذلك يسجل في الفئة السابعة.

- عندما يتحدث طالب آخر بعد حديث طالب يسجل في الفئة الثانية فأن حديثه يسجل في فئة السلوك التاسعة.

- عندما يبدأ طالب في الحديث فأن سلوكه يسجل في الفئـة السـلوكية التاسـعة إذا قـام طالب ثان وثالث بنفس السلوك فإن الكل يسجل في الفئة التاسعة.

- سجل السلوك في الفئة العاشرة الصمت عندما يكون الصمـت ثلاث ثـوان أو أكـثر ولا تسجله إذا كان الصمت لا يؤدي الى تغير في السلوك.

- إذا حدث تشويش أو فوضى فإننا نسجل ذلك في الفئة السلوكية العـاشرة أمـا إذا كـان صوت المعلم مميز رغم التشويش فإننا لا نسجله في فئة السلوك العاشرة بـل في الفئـة المناسبة له من النظام.

إجراءات تطبيق النظام:

- يسجل الموقف التعليمي على شريط كاسيت أو مدمج.
- يفرغ الشريط كتابياً مع مراعاة الدقة في كتابة الحوار اللفظي الذي يتم بين المعلم والطلبة.
- يتم تقسيم الكلام المكتوب الى وحدات سلوكية تستغرق كل منها ما يعادل ثلاث ثوان أي بمعدل 4-5 كلمات في كل وحدة.
- يعطي لكل وحدة رقم الفئة التي تناسبها من فئات النظان.
- تفرغ أرقام هذه الفئات في سلاسل حسب ترتيبها ووفق ورودها في الحوار.
- تبدأ السلسلة برقم الفئة العاشرة وننهيها برقم الفئة العاشرة أيضاً وذلك لأننا نبدأ الحوار بالعادة ننهيه بالصمت إضافة الى فائدتها في عملية توازن الأرقام بين الأعمدة والصفوف في مصفوفة التفاعل.
- تفرغ الأرقام من السلسلة في المصفوفة خاصة (10× 10) لبيان انتشار كلام كل من المعلم والطالب.
- تؤخذ الأرقام عند عملية التفريغ في المصفوفة من السلسلة بشكل زوجي أي كل رقمين معا وبالتالي ليكون الرقم الأول للصف الثاني للعمود على أن يقرأ كل رقم مرتين وحيث يلتقي رقم الصف مع رقم العمود يكون المربع المقصود في المصفوفة.
- تجمع أعداد الأحداث في كل صف وفي كل عمود على أن يكون المجموع العام للصفوف أو الأعمدة هو نفس المجموع.
- تؤخذ النسبة لكل فئة سلوكية على حدة أو لكل مجموعة من الفئات حسب ما هو مطلوب.

تحليل وشرح التفاعل في الموقف التعليمي:

يمكننا أن نعرف من مصفوفة التفاعل كمية السلوك الزائد بين المعلم والطلاب في غرفة الصف ونوعيته وتحسب الكمية بالنسبة المئوية لكل فئة سلوكية أو مجموعة من الفئات السلوكية كما هو مطلوب أما نوعية السلوك فنستطيع أن نتعرف من خلالها على سلبية أو ايجابية الاتصال بين المعلم والطلبة إضافة الى نوعية الجو الاجتماعي والنفسي الذي يقوم فيه التفاعل.

تحليل نوعية السلوك من المصفوفة:

أيجابية السلوك غير المباشر للمعلم وما يوفره من جـو اجتماعـي نفسـي ـ يجعل التواصل مفتوحا وتقبل التلاميذ لأفكار المعلم أفضل، وأثر التعليم في نفوس التلاميذ أبلغ في حين أن السلوك المباشر يتميز بالتسلط والفوقية ويكوّن نوعاً من الجفاء وعدم الارتياح في نفوس التلاميذ، عليه فأن رصد السلوك اللفظي في غرفة الصف يزود المشرف التربوي بمعلومات قيمة تساعده في التعرف على طبيعة عملية التعليم الصفي من جميع جوانبها ويمكن استخلاص الاتي:

— التعرف على طبيعة الجو الاجتماعـي والنفسـي ـ في الموقـف التعليمـي الصفي حيث أن نسـبة السلوك اللفظي للمعلم في الفئـة السـابعة (الانتقـاد) والسادسـة (الأوامـر) و (التوجيهات) تدل على أن التواصـل مغلـق ومنقطع بـين المعلـم وتلاميذه في حين أن السلوك الايجابي غير المباشر في فئـات السلوك 1،2،3،4،5 يـدل على ثقة متبادلـة وود متصل، وتواصل مفتوح ومستمر بين الطرفين (المعلم والتلميذ).

— اعتبار سلوك المعلم الخاص في فئـات (3،2) والمتضـمن تقبل المعلـم لأفكار تلاميـذه واستثمارها ومدحه للتلميذ وتشجيعه، مؤشراً على

احترام وثقة متبادلة وتنظيم فائق للتعلم وعلى بناء كامل لشخصية التلاميذ.

– النسبة المرتفعة للصمت أو التشويش (10) مؤشراً على عدم قدرة المعلم على ضبط نفسه وإنجاز مهمته، وعندما تبرز مهمة المشرف في التفتيش على حل لهذا الموقف.

– انخفاض نسبة سلوك التلاميذ في الفئة الثانية مؤشراً لعدد من الدلالات منها أن التلاميذ لم يدركوا أسئلة المعلم، إما لصعوبتها وغموض صياغتها، أو لأن إجابتها محددة بكلمة أو بكلمات قليلة ومنها استطراد المعلم في الشرح أكثر الوقت مما أدى للملل وعدم الرغبة في التفاعل.

– التعرف على خصائص سلوك المعلم وإمكانية المشرف في الوقوف على هذه الخصائص القوي منها والضعيف.

– وهنا تفتح أبواب التفاعل بين المعلم والمشرف في تأكيده على هذه الخصائص ووضع الخطط المناسبة في معالجة الضعيف منها.

2. نموذج الاشراف التربوي:

يعرف الاشراف التربوي بأنه عبارة عن خطط تعليمية فردية لعمل عينة الاشراف مع التربويين ويسمى النمط الذي يتطلبه عملية الاشراف بالنماذج وتعرف كل مستويات الاشراف والارشاد المنهجي للاشراف الارشادي بأنها الأساس الفلسفي للتدريب ولتعدد أهداف الاشراف التربوي فقد ظهرت ثلاثة أنواع من النماذج للاشراف تمتزج مع بعض وهي:

1. النماذج المتطورة:

وتركز النماذج المتطورة للاشراف التربوي على جميع معتقداتنا التي تنمو وتتطور باستمرار وتتلاءم وتبدأ في النمو لجميع نواصيها وسلوكياتها والغرض من

هذا النوع من الاشراف هو زيادة وتنمية النمو في جميع النواحي لاعدادها للمستقبل وعلى هذا الأساس لا بد أن توجد أنماط جديدة للنمو في عملية التعليم.

ولقد قام ورثنجتون بملاحظة النماذج المتطورة بالاشراف وقد أسفرت الدراسة عن أن سلوك الملاحظين يتغير عندما تكتسب عينة الملاحظة الخبرة، كما تتغير أيضا علاقة الملاحظة، ومن الواضح أن هناك أسس لعملية الاشراف المتطورة وأنماطه وتتضمن النماذج الاشرافية المتطورة ثلاث مستويات من العينة الملاحظة هي: مبتدأ، متوسط، متقدم.

وفي كل مرحلة من هذه المراحل المؤلفين تقدما في تحقيق الهدف المراد تحقيقه وتقدما أكثر في طريقة تقليد الحركة وأيضا الثقة والراحة النفسية في جميع المستويات وقد أولى اهتمام خاص.

— بالمعرفة الذاتية ومعرفة الآخرين.

— الدافعية.

— الحافز.

كما تعتمد عبينة الملاحظة في المستوي المتوسط بصورة أقل على المشرفين تقتصر على توضيح بعض الصعوبات الفنية لكنهم ما هرين في وضع الاقتراحات وتتميز هذه المرحلة بالمقاومة والصراع وذلك إذا ما تعرض مفهوم من مفاهيم هذه العينة للتهديد.

أما سلوك العينة المتقدمة فيتميز بالاستقلالية وطلب الاستشارة إذا ما تطلب الموقف وتحمل مسئولية قراراتهم سواء أكانت صحيحة أم خاطئة.

يفهم من أن هذه المستويات الثلاثة تشتمل على ثلاث عمليات (المعرفة، والحافز والتقليد) وعلى هذا أن فهناك ثماني مناطق للنمو لكل عينة من الاشراف وهذه المناطق الثمانية وهي الثمانية وهي التداخل، المهارات، التقنيات، المطابقة، التقييم الذاتي المفاهيم الفنية الفروق الفردية الجوانب النظرية معالجة

الأهداف، والتخطيط للجانب التخصصي ـ وكل هـذه المناطق تساعد عينة الاشراف في تصنيف وتحديد جوانب قوتهم، ونمو هذه الجوانب يمكنهم مـن التطور المسـتمر على الصعيدين الاشراف التربوي والعلاجي.

أهمية هذا الأسلوب، أنه من الاتجاهات الفعالة في تحسين العملية التعليمية من خلال مـا يلي:

— توحيد الجهود بين المشرف والمعلم وفتح قنوات الاتصال بينهما.

— يركز على العمل المشترك للمعلم والمشرف في التخطيط والتحليل والتقويم.

— تواكب عملية المراجعة والمتابعة سير العملية التعليمية.

متطلبات تطبيقه:

— أن يكون المشرف على دراية وافية بهذا النظام.

— أن ينطلق المشرف من مبدأ المشاركة وفهم الديناميات الجماعية.

— أن يقوم المشرف نحو توفير جو تسوده علاقات تفاعلية إيجابية مع المعلمين.

— أن يتحدد نطاق الاشراف لكل مشرف.

ب. النماذج المتداخلة:

ولأن الكثير من المعالجين يرون أنفسهم محللين فقد قاموا بإدخال الكثير مـن النظريات الى الجانب العلمي، ولقد كانت بعض نمـاذج الاشراف مصممة لـكي تتعامل مـع أنـواع متعـددة من العلاج.

أما النموذج Bernard المميز فيدعم الجانب النظري ويركز على ثلاث أنواع من الاشراف الى جوانب ثلاث يجب التركيز عليها فيمكن أن يلعب المشرف دور المعلم عندما يكون محـاضر بصورة مباشرة، ويوجه ويختبر عينة الاشراف.

ويمكن أن يلعب المشرف دور المرشد عندما يقيم عينة الاشراف عند ملاحظة أدائهم الخاص غير المنظم أو الواعي.

ويمكن أن يلعب دور المستشار عندما يقوم بدور الزميل في أثناء التشخيص، وهذه الأدوار الثلاثة المقصودة منها تصنيف موضوعات معينة في الاشراف، فيجب على المشرف أن يكون على قدر كافي من الحساسية نحو الموضوعات غير الأخلاقية في ثناء العلاقة المتبادلة على سبيل المثال، الفرض الذي يستخدم بعد الارشاد في الاشراف هو تصنيف الموضوعات غير قابلة للحل بما فيها علاقة التشخيص فإذا ما كانت هذه الموضوعات تتطلب الارشاد المستمر فإن عينة الاشراف يجب أن تسلك وتعمل مع المعالجين الخاصين بهم، ويركز نموذج discrimination في التمايز على ثلاثة مناطق لبناء المهارة هي:

1. العملية. 2. المفاهيم. 3. الشخصية.

فالموضوعات العملية تختبر كيفية الاتصال الذي يمكن أن يستخدم، فعلى سبيل المثال يعكس الاتصال مشاعر المتصل وهو تفهم الفرد في عينه الاشراف الموقف وهل يمكن أن يقلل استخدام الاتصالات المكافئة من معاونة عينة الاشراف؟ وتحتوي الموضوعات التي تتعلق بالمفاهيم موضوعات تضمن الكيفية التي يفسرها استبيانات عينة الاشراف لطريقة نظرية خاصة، وكيفية رؤيتهم بصورة مكبرة.

وما هي الأسباب التي يمكن أن يتساءل عنها عينة الاشراف عند البدء في مشروع آخر، وأما الموضوعات الشخصية فتتعلق باستخدام المرشدين للاشخاص في عملية العلاج وحتى يتسنى لهم ذلك لا بد من تداخل شديد جدا في العلاقات بين الأفراد فعلي سبيل المثال الثقة الشخصية يمكن أن تدخل وتتوسط الى بعض الناس.

مميزات النماذج المتداخلة:

توجد مجموعة من المميزات لنماذج المتداخلة وهي:

- تحديد الحاجات الحقيقة للمعلمين والانطلاق منها لتحديد أهداف البرنامج الاشرافي.

- تكامل الاوساط الاشرافية المستخدمة وترابطها معا في كل عضو تخطيطي من أجل تحقيق أهداف محددة.

- مشاركة المعلم في أوجه النشاط الاشرافية بصوره فعالة تأكيد على أسهاماته النشطة وتفاعله الايجابي.

- ارتباط الفكر ارتباطاً وثيقاً بالتطبيق العملي فالأفكار تدرس وتناقش من أجل أن تحدث لدى المعلمين قناعات تؤدي الى توظيف الأفكار وممارستها في الواقع العملي.

- النظر الى الموقف التعليمي باعتباره متكاملا والاهتمام بجميع عناصره معلم ومتعلم ومنهج وأساليب.

- المرونة حيث يتسع هذا النموذج لتشكيل صيغ أو بنى تنظيمية كثيرة ومتنوعة كما يتسع لظهور بنى تنظيمية متجددة ومتطورة مما يجعله قادرا على التجديد والتكيف مع الظروف والأوضاع القائمة والمتجددة.

- الانفتاح بحيث يمكن توظيف ما يتوافر من الموارد البشرية المادية والتعيينات التربوية في أوجه النشاط الاشرافي وقابليته لدمج وتوظيف أوساط إشرافية متعددة.

- التقويم حيث يعتمد هذا النموذج على أسلوب التقويم التكويني والختامي وذلك للتعرف على آثار الأساليب الاشرافية وانعكاساتها على المعلمين.

جـ نماذج الحالات الخاصة:

هو أسلوب يستند على قيام المعلم بتعليم بضعة طلاب لفترة قصيرة تحت مراقبة مشرف مختص باستخدام وطرق تدريس خاصة.

- هدفه: التركيز على مهارة معينة أو أسلوب حر مع الافادة من عدة مصادر للتغذية الراجعة منها المشرف التربوي- الطلاب- المعلم ذاته.
- أهميته: يتيح للمعلم فرصة تكرار الموقف التعليمي برمته لطلاب آخرين، مع عملية نقد وتقييم أخرى بغية رفع كفاية العملية التعليمية.

وهناك بعض المرشدين يشخصون ويستخدمون أنواعاً معينة من العلاجات دائما ما يعتقدون أن الصورة المثلى للاشراف هو التحليل العملي للموقف التي يعتمد عليها العلاج والموقف هنا يشبه تماماً موقف المدرب الرياضي الذي يعتقد أن أفضل مدرب في المستقبل هو الذي يكون متمرس ومتدرب ومتخرج من نفس الرياضة في المدرسة والجامعة والمستويات التخصصية ويوصف الاشراف النفسي التحليلي بأنه يحدث في مجموعة من المراحل منها المرحلة المفتوحة ومرحلة ملاحظة المشرف للاشارات ومرحلة الضعف وهذا يمكن أن يقود الشخص الى معرفة درجة التأثر والتأثير في الآخرين.

أما الدرجة المتوسطة فتتميز بالصراع والدفاع والهجوم والحل يقود دائما الى مرحلة العمل في الاشراف أما المرحلة الثالثة فتتميز بالصمت الدائم للمشرف وتشجيع عينة الاشراف الى تنمية الاستقلالية ويرى أنصار الاشراف السلوكي أن المشكلات المرضية هي مشكلات تعليمية وبالتالي تحتاج الى نوعين من المهارة.

- تصنيف المشكلة.
- اختيار تقنيات التعليم المتاحة.

ويمكن أن تشارك عينة الاشراف في العلاج لزيادة نسبة التعزيز، وأيضا يمكن لعينة الاشراف أن تعمل مع الفنيين.

أسباب نجاحه:

- يوجه الانتباه الى السلوك التعليمي.
- يحسن التفاعل بين المعلم والتلميذ.
- يعتمد على التجربة والميدان ويمكننا أن نستشف من هذه التقنية في تدريب المعلمين طريقة جديدة في الاشراف ففي الوقت الذي ينزعج فيه المعلم من رؤية المشرف أو مدير المدرسة وهو يدخل عليه في الصف أو وهو يجلس في المقعد الخلفي بدون ملاحظاته فأنه يرتاح للمشرف الذي يبدأ ويخطط بالاشتراك معه للموقف التعليمي هادفا مساعدته.

3. نموذج العلاقة الاشرافية:

تحتوي جميع المحادثات الخاصة بالاشراف التربوي على أفكار، ضمنية إن لم تكن صريحة على العلاقة الاشرافية، فهؤلاء الذين يقومون بالاشراف يكونوا بالضرورة على الاتصال بمن يشرفون عليهم، حيث توجد بينهم علاقة من نوع ما يشير مصطلح (علاقة) في أوسع معانية الى الكيفية التي يرتبط بها المشرف مع المعلم أثناء عملهم لتحقيق أهدافهم، بعض هذه العلاقات حسب شروط معينة بداخل السياق ذو التوجيهات الاشرافية الخاصة.

- أبعاد العلاقات الاشرافية.
- الأهمية النسبية للعلاقة الاشرافية.
- المتغيرات التي تؤثر على العلاقة الاشرافية.
- اختلاف العلاقة الاشرافية عند العمل مع المشرفين ذو الخبرة عنها عند العمل مع المشرفين قليلي الخبرة.

1. سمات العلاقة الاشرافية الفعالة:

يـرى أعضـاء جمعيـة تعلـيم المشرف والاشراف أن خصـائص وسـمات المشرف الشخصـية ومهاراته في التسهيل تعد أكثر أهمية من المهـارات التصـورية، ومهـارات التـدخل، ومهارات الادارة ومعرفة إدارة البرنامج والاشراف عليه.

ويتضمن التصور الحـالي لعمليـة الاشراف يتضمن مناقشـة خاصـة في العلاقـة بـين المشرف والمعلم، والطرق التي بواسطتها يتصل الأفـراد ويتمكنـون مـن عمليـة التـأثير المتبـادل ويرتبطون، ويضعون قرارات، ويقومون بالمهام الخاصة بهم، ومع ذلك تختلف الأهمية النسبية للعلاقة والـدور الذي تلعبه تبعاً للتوجيه الاشرافي.

ويرى البعض أن العلاقـة شرط ضروري لعمليـة الاشراف في حـين يـرى الآخرون أنها متغير ضروري ولكنها ليست متغيراً محدداً.

وحيث أن الطبيعة ووظيفة العلاقة الاشرافية تتغير تبعاً لعدة متغيرات سيتم مناقشتها فيما يلي، فأن المؤلفات الحديثة الخاصة يالاشراف تهتم عادة بهذه العملية الحيوية.

وتتأثر العلاقة الاشرافية بالخصائص الشخصية للمشتركين والعديد مـن المتغيرات الانسـانية، لقد تم تحديد ومناقشة العديد من المصادر الرئيسية للتأثير بعضها ثابت وبعضها يتنامى بطبيعته.

ومن بين العوامل الثابتة المأخوذة في الاعتبار:

— اتجاهات دور النوع والجنس.

— أسلوب المشرف.

— السن.

— السلالة.

— الخصائص الشخصية.

أما المصادر الدينامية فهي تلك التي يمكن أن توجد دائماً ولكن بدرجات وأشكال مختلفة مثل متغيرات العملية الاشرافية (المراحل: الأولية في مقابل المتقدمة، طويلة المدى في مقابلة تلك المحددة الفترة الزمنية)، أو ديناميات العلاقة (المقاومة، والقوة، والألفة، وعملية التشابه وما الى ذلك).

كذلك يمكن أن يكون للصراع الذي يحتمل أن تتغير طبيعته وأهميته بمرور الوقت، تأثيراً هاماً على العلاقة الاشرافية.

والصراع يحدث في جميع العلاقات وفي العلاقة الاشرافية الخاصة، وينشأ عن اختلاف الجماعتين في القدرات، الاختلافات المتعلقة بملائمة الأسلوب الفني ومقدار التوجيه والمدح، والاستعداد لإزالة الاختلاف، ويمكن التحقيق من هذه التأثيرات الى حد ما بواسطة الاحترام المتبادل ويجب أن يكون المشرف هو الرائد في عملية نمذجه هذا الاتجاه.

ب. العوامل المؤثرة على العلاقات الاشرافية:

هناك مصدرين إضافين للتأثير الدينامي على العلاقة الاشرافية وهما غموض الدور وتناقض الدور ثم تعريف غموض الدور على أنه عدم التأكد من التوقعات الاشرافية وطرق التقييم، في حين أن تناقض الدور يشير الى التوقعات المرتبطة بدور الطالب والتي تتناقض مع دور المشرف.

وجد أن غموض الدور كان سائداً عبر مسئوليات التدريب اكثر من تناقض الدور، ولكن التأثيرات تقل كلما اكتسب الطالب الخبرة الاشرافية ومع ذلك يبدو أن تناقص الدور يكون سائداً أكثر من هؤلاء الذين لديهم خبرة أكبر للأدوار والتوقعات يمكن أن تقلل من العوامل التي تهدد العلاقة الاشرافية.

فهذه النتائج المتعلقة بالتقنيات التي تشير الى العلاقة الاشرافية على أنها تنمية لمرحلة التعلم تتفق مع تلك النتائج التي توصل اليها.

بعد عرض هذه النماذج الحديثة كاتجاهات ناجحة في عملية الاشراف يجدر بنا أن نوضح أن عند النظر الى نموذج فلاندرز نجد أن هذا الأسلوب يهدف الى تحديد عدد من يشرف عليهم المشرف في إطار الاستفادة القصوى من توجيهاته ونصحه كذلك تفاعل الموقف الاشرافي بين المعلمين والمشرفين وهناك واجبات أخرى للمشرف مثل تقديم المشورة في طرق التدريس وتقييم المعلم وتنظيم برامج دراسية ومدرسية الا أن الطريقة التي يؤدي بها هذه الواجبات تعتمد اعتماداً على الدور التقليدي الذي يقوم به من ناحية وما تضفيه عليه النظرة الحضارية والثقافة للمجتمع والتنظيم المدرسي من ناحية.

ومن ناحية أخرى تقوم بعض هذه النماذج على معالجة الخطأ بوصفه أحد وظائف المشرف الذي يعالج أي خطأ في الممارسات التربوية وأن يصحح هذا الخطأ، وليس معنى هذا أن يتصرف اهتمام المشرف التربوي الى تصيد الأخطاء كما كان بفعل زميله في الماضي، وإنما عليه بحكم خبراته وتجاربه أن يكتشف ما يطرأ له من جوانب سلبية وما يراه من ثغرات، والأهم من هذا أن يقدم اقتراحاته البناءة لمعالجة هذه السلبيات وسد هذه الثغرات، وقد يتطلب ذلك منه عمل مناقشة مع المعلم إذا كان الموضوع متعلقاً به أو مع المدرس الأول إذا كان الموضوع متعلقاً بالمادة الدراسية أو من ناظر المدرسة إذا كان الأمر متعلقاً بالمدرسة.

الفصل الثالث

الاشراف التربوي في مدارس ذوي الاحتياجات الخاصة

الفصل الثالث

تمهيد:

يهدف الاشراف التربوي الى ضمان التدريس الجيد والتعليم المباشر للتلاميذ، ويمكن أن ننظر للاشراف في السياق الحالي على أنه إدارة يتم استخدامها من أجل زيادة وتنمية التحسين في أساليب التدريس وفي التدريس نفسه، ومن أجل تعزيز نتائج التعلم عند جميع التلاميذ، وأيضاً من أجل تعزيز التطور المهني عند المعلمين.

ولقد تطور الاشراف بمرور الوقت وتمت صياغته في أشكال عديدة ولكن من الممكن تطبيقه على جميع المعلمين في جميع المدارس، وبما فيها مدارس ذوي الاحتياجات الخاصة، ويحتاج تلاميذ ذوي الاحتياجات الخاصة لأساليب خاصة من التدريس وخدمات تعليمية مميزة يتم تصميمها للوفاء باحتياجاتهم التعليمية الفريدة التي قد تشتمل على احتياجات إدراكية وبدنية واجتماعية وعاطفية، ومن الممكن أن يتم تعليم التلاميذ الذين يعانون من عجز ما في بيئات تعليمية مختلفة مثل حجرات الألعاب، حجرات دراسة مستقلة، حجرات دراسة في مدارس التعليم العام، ومدارس بديلة.

ويقوم نطاق كبير من الموظفين ويتضمن مدرسي التربية الخاصة، وأشباه المحترفين، ومدرسي التعليم العام، وأخصائي معالجة مشاكل الكلام، وأخصائي المعالجة المهنية، وأخصائي العلاج الطبيعي، والمستشارين القانونيين – بتوفير التربية الخاصة والخدمات المتعلقة بها، وتشير متطلبات تعليم الطلاب ذوي الاحتياجات الخاصة الى الحاجة لوجود إشراف على أساليب التدريس والمدرسين في التعليم في مدارس ذوي الاحتياجات الخاصة بشكل خاص.

وتخلق السمات الاضافية للنظام التعليمي الحالي الحاجة لوجود إشراف جيد على التدريس في التعليم لذوي الاحتياجات الخاصة، كما أنها تدعم الحاجة لوجود دراسة أكثر تفصيلاً حول هذا الموضوع، ويعتبر الاشراف أحد الأدوات التي ربما تساعد المعلمين في تحسين التدريس واستهداف النتائج الأمثل، والشيء الثاني الذي يتطلب تفاعلات إشرافية هو نقص المعلمين المؤهلين للعمل في مدارس ذوي الاحتياجات الخاصة، ولقد تم تحديد النقص في الدعم الاشرافي والاداري على أنه عامل يتعلق بالابتكار والإبداع مع المعلم.

فالمعلمون المختصون بذوي الاحتياجات الخاصة ينشدون التفاعلات والاحتكاكات المباشرة مع المشرفين المطلعين وذوي الخبرة فيما يتعلق بأمور الاحتياجات الخاصة، وفيما يتعلق بشروط التدريس الملائم لذوي الاحتياجات الخاصة، ولكن لم تكن تلك التفاعلات الاشرافية دائماً مثمرة، وعلى الرغم من أن معلمي ذوي الاحتياجات الخاصة غالباً ما يكون لهم مدير على مستوى المرسسة ومدير على مستوى الادارة فإن تغييرات النظام من الممكن أن تحول دون تنفيذ شروط الاشراف على التدريس في تعليم ذوي الاحتياجات الخاصة، والحاجة لفهم أكبر للاسلوب المستخدم في الاشراف على التدريس في التربية الخاصة داخل المدارس العامة.

ولمعرفة ما هو الاشراف يتم تعريف الاشراف بصورة عامة على أنه وظيفة المدرسة التي تقوم من خلال بتحسين تعلم التلميذ وذلك عن طريق الدعم والمساعدة المباشرة للتطور المهني عند المعلمين، ويتضمن الاشراف الاحتكاك والمناقشة المباشرة والملاحظة وتحليل المعلومات والتخطيط من أجل تحسين عملية التدريس، والتربية الخاصة في مؤسسات ذوي الاحتياجات الخاصة يستخدم أسلوب خاص من التدريس تم تصميمه من أجل الوفاء بالاحتياجات التعليمية الخاصة للتلاميذ الذين يعانون من عجز ما.

والتلاميذ ذوي الاحتياجات الخاصة هم الأطفال الذين يعانون من اعاقة ذهنية أو حسية أو اعاقة بصرية أو سمعية ويعني ذلك ضعف في القدرة على الكلام أو التحكم في اللغة أو ضعف في اللغة أو أي ضعف صحي أخر أو يعانون من عجز عن تعلم شيء معين، أو من عجز في عدة نواحي مجتمعية، وهذا الطفل يحتاج بسبب هذا العجز الى تعليم وتوجيه خاص وخدمات ذات طبيعة خاصة تتناسب مع نوع الاعاقة، أما وظيفة الاشراف تشتمل على هيئة من الموظفين في المدرسة وعلى الذين يقومون بوظيفة الاشراف مثل مديري المدارس، والوكلاء، مديري الخاصة، والمشرفين على التربية الخاصة، أو حتى زملاء المدرسة نفسه.

أهمية الاشراف التربوي في مدارس ذوي الاحتياجات الخاصة:

ونستعرض فيما يلي طبيعة عملية الاشراف على مدرسي مؤسسات ذوي الاحتياجات الخاصة من حيث المعلمين وعن اسخدام أساليب مميزة في التدريس لذوي الاحتياجات الخاصة داخل المدارس وهو ما يمكن أن يتخذ كمثال يحتذي به، وحيث يتسم هذا الأمر بأهمية كبيرة من عدة نواحي هي:

- لابد أن تقوم الحكومة بتوفير تعليم بصورة خاصة لذوي الاحتياجات الخاصة، ولا بد أن تنص جميع القوانين على أن المعلمين يجب أن يكونوا مؤهلين ومدربين بصورة كافية لتوفير هذا النوع من التعليم والتربية الخاصة، ويعد الاشراف هو أحد الأدوات التي يمكن أن تساعد المؤسسات على الوفاء بتلك المتطلبات.

- تتضمن حركات الاصلاح التعليمي الحديث ضرورة الاشراف على التعليم العام ومن أجل تعزيز وتحسين النتائج التعليمية لجميع التلاميذ، وتشمل الأمثلة حول هذا الاصلاح الادارة التعليمية، والتحاق عدد كبير من التلاميذ ذوي الاحتياجات الخاصة بالصفوف الدراسية

المنتظمة، ويجب أن تقوم الأعمال الاشرافية بمساعدة المدرسين على أداء واجبات وظائفهم المتصلة بهذه الحركات الاصلاحية.

- يوجد نقص في أعداد مدرسي التعليم لذوي الاحتياجات الخاصة ويقترح مجموع ما كتب في هذا المجال أن الدعم الاداري والاشرافي هو أحد العوامل المتصلة بالاحتكاك المباشر مع المدرس، ويجب أن يقوم الاشراف الفعال ودعم المعلم بزيادة إشباعه الوظيفية وظيفياً ومهنياً وإعطائه المعلومات اللازمة للعمل في هذا المجال.

- وحيث أن معلمي التربية الخاصة يعلمون من أجل ضمان تقدم التلاميذ نحو برنامج التعليم المميز والأهداف العامة للمنهج الدراسي وأغراضه ومعاييره، ويوجد احتمال أن يصبح الاشراف ناقصاً أو غير فعال بسبب التعارض الموجود بين الدور والمسئولية، وغالباً ما يكون لمعلمي التربية الخاصة أثنين أو أكثر من المديرين أحدهما مدير على مستوى المدرسة والاخر مدير أو مشرف على التربية الخاصة على مستوى الادارة، ويستطيع كل مدير من المديرين أن يقدم خبرات وملاحظات مختلفة فمن الممكن أن يبدي مدير المدرسة ملاحظاته حول المبادئ التدريسية العامة وحول المنهج الدراسي الذي يتم أتباعه ولكنه يفتقر للمعرفة الكاملة عن صفات وخصائص التلاميذ ذوي الاحتياجات الخاصة المختلفة، وعن الأساليب التدريسية الأكثر فعالية مع هؤلاء التلاميذ، ومن الممكن أن يحظي مدير التربية الخاصة بمثل تلك الخبرات ولكن ربما يكون له احتكاك إشرافي مباشر قليل مع معلمي التربية الخاصة وذلك بسبب التقييدات الزمنية والواجبات الادارية الأخرى، وإذا لم يتم توفير الاشراف على معلمي التربية

الخاصة في أسلوب واعياً ومتناسقاً ربما لن يتلقى هؤلاء المعلمين الدعم الاشرافي الذي يساعد على تحسين عملية التدريس.

لقد كان تعريف الاشراف أمراً مثيراً للجدل في حقل الاشراف التعليمي، ففي عـام 1926 قـام بار bar وبرتون burton بدمج رأيين متعارضين عن طريق تعريف الاشراف عـلى أنـه التعـايش مـع نطاق من الأشياء المادية والروحية التي تهتم بصورة رئيسية بتحسين الظروف المحيطـة بـالتعليم، وربما يتم القيام بهجوم مباشر على تحسين التعلم من خلال تحسين التعليم ومن الممكن أن يصبح الهدف العام للاشراف هـو تنميـة التلميـذ مـن خـلال تنميـة المعلـم"، ويحدد هـاريس harris في مراجعته للتعريفات الحالية للاشراف الثوابت التالية التي تضمنتها تلك التعريفـات وهـي: التركيـز على التدريس وعلى الـتعلم، والتركيـز عـلى الاسـتجابة للوقـائع الخارجيـة المتغـيرة، وتـوفير الـدعم والمساعدة والتدريب للمعلمين، وتمييز التدريس على أنه الأداة الرئيسية في تيسير المعرفة المدرسية، وتعزيز الممارسات الابداعية الجديدة والفعالة.

ويلزم تعليم التلاميذ ذوي الاحتياجـات الخاصـة وجـود أدوات خاصـة، وأسـاليب تدريسـية خاصة، وتجهيزات ربما لن يحتاجها بنفس الدرجة في التعلـيم العـام، ويعـرف زيجمونـد zigmond التربية الخاصة هي" التعامل مع الغير مألوف" وعلى أنه " شيء متميز ومنفصل عن التعليم العـام " وتشتمل التربية الخاصة على أساليب تدريسية تم تصميمها خصيصـاً مـن أجـل الوفـاء بالخصـائص الفردية والاحتياجات المعرفية للتلاميـذ ذوي الاحتياجـات الخاصـة، ووظيفـة الاشراف هـي تحسـين عملية التعليم لهؤلاء التلاميذ ذوي الاحتياجات الخاصة الذين يتم خدمتهم في العديد مـن الهيئـات التعليمية بواسطة الكثير من المتخصصين.

ويعتبر نظام الاشراف على التدريس في التربية الخاصة نظاما مثيراً للمشاكل ويتأثر بالعديد من العوامل والصفات المميزة والتي تتضمن

ديموغرافيات المعلم والتلميذ، والبيئات المتنوعة التي يتم فيها نقل التربية الخاصة، والمسئولية المشتركة في الادارة في التربية الخاصة، وأثر القوانين والسياسات وحركات الاصلاح، ولقد لعبت القوانين دوراً محورياً في ضمان التعليم للتلاميذ ذوي الاحتياجات الخاصة، وتتضمن القوانين تلميحات كثيرة حول الاشراف على المعلمين في المدارس، ولابد أن يحظى المشرفون بالمعرفة الكاملة عن القواعد والقوانين والنظم والسياسات وذلك حتى يتمكنوا من الاشراف على عمل المعلمين الذين بقومون بالتدريس للأطفال ذوي الاحتياجات الخاصة.

ولقد أثرت السياسات الخاصة بنظم التقييم على الممارسات الاشرافية، فتلك النظم قد تقيد المعلمين وتجبرهم على استخدام أساليب وأدوات تعليمية معينة من أجل الوفاء بالمعايير التقييمية والموضوعية، ومن الممكن ان يصبح هذا سبباً يحول دون قيام المعلمين بتدريس مواد معينة أو التدريس لتلاميذ معينين، ومن الممكن أيضاً أن يتم التركيز على الموارد والأدوات التي تم مناقشتها مع المشرف أو التي أبدى المشرف ملاحظاته عليها مما يؤثر على مواد وأدوات أخرى قد تصبح فعالة ومؤثرة لحد بعيد على التدريس لذوي الاحتياجات الخاصة ولكن تلك المواد لم تتم مناقشتها مع المشرف، ومن هنا نرى أن النظم والسياسات التقييمة قد تؤثر الى حد بعيد على المواد والأدوات التي يتعامل بها المعلم مع تلاميذه ذوي الاحتياجات الخاصة فهو سوف يقتصر في تدريسه على مواد معينة ويغض النظر عن المواد أخرى وأساليب أخرى قد تكون أكثر نفعاً.

وبسبب النقص في أعداد المدرسين المؤهلين للتعامل مع التلاميذ ذوي الاحتياجات الخاصة تصبح الحاجة لوجود إشراف ومتابعة دقيقة لعمل المعلمين المبتدئين في مجال التربية الخاصة حاجة ملحة وضرورية وذلك حتى لا يلتزم هؤلاء المعلمون قليلوا الخبرة بأدوات تدريسية معينة ويغضون النظر عن أخرى، وبهذا يمكن أن يكون الاشراف متمثلاً في أشخاص مؤهلين ذوى خبرة كاملة يتم

تعيينهم واختيارهم لهذه المهمة عن طريق الادارات التعليمية المحلية أو عن طريق المشرفين الرئيسيين وذلك من أجل الاشراف على المعلمين المبتدئين الذين يمارسون المهنة ويستكملون في الوقت ذاته دراستهم للحصول على درجات علمية ملائمة لهذا المجال.

لقد استمد الاشراف أساسه النظري من العديد من النظريات المتعلقة بالإدارة والتخاطب والتنظيم والاستشارة وعلم النفس التربوي ونظرية التغير، وتشير معظم الروايات التاريخية عن الاشراف أنه بفترات زمنية أو عصور تأثر فيها الاشراف بالحركات الاجتماعية والسياسية والاقتصادية في المجتمع، وتلك الروايات تختلف اختلافا بسيطاً في عرضها لتطور الاشراف، ومع ذلك تقوم معظمها بتصوير سبعة مراحل للاشراف:

1. التفتيش.

2. الفعالية

3. الديمقراطية.

4. النواحي العلمية

5. العلاقات البشرية.

6. النواحي العلمية مرة أخرى.

7. التنمية البشرية.

وعند بداية القرن العشرين تأثر الاشراف بالممارسات والساليب الادارية البيروقراطية، ففي بادئ الأمر تم اعتبار المعلمين ومشاهدتهم على أنهم مشرفين على أنفسهم يتحرون ممارستهم الخاصة من أجل اكتشاف الأخطاء، وفي المرحلة الثانية، أصبح الاشراف متأثراً بالمبادئ العلمية المتبقية في الصناعة وإدارة الأعمال وكان هدف الإشراف هو جعل التدريس وأساليبه أكثر فاعلية، وتضمنت المرحلة الثالثة من العشرينات القرن حتى الأربعينيات وحتى ستينات القرن

العشرين ظهرت العودة للاشراف العلمي وتميزت هذه المرحلة بالاعتماد على نظم الملاحظة وعلى المعلومات الصفية وذلك لأجل تحسين التدريس وأساليبه.

وبدأت المرحلة الخامسة في الستينيات من القرن العشرين وعادت للتركيز على الديمقراطية والعلاقات البشرية - وتم فهم الاشراف على أنه قيادة وتوجيه للمعلمين، وحاول الاشراف الابتعاد عن أساليب الادارة البيروقراطية ومن تعقيدات الماضي.

ويؤكد أن حقل الاشراف قد واجه عديد من المشكلات في المرحلة السادسة التي منها الافتقار الى التعريف الواضح للاشراف وأيضاً الافتقار الى الاتفاق على وظائفه، ولقد حاول الاشراف الاكلنيكي الذي ظهر في هذه المرحلة أن يصنع أسلوباً واضحاً للاشراف وأن يقوم بتعزيز وتقوية التعاون بين المعلم والمشرف وذلك من أجل تحسين التدريس وأساليبه الخاصة.

والمرحلة الأخيرة التي تمتد من الثمانينات حتى وقتنا هذا نشأت فيها نماذج وأنماط الاشراف التي غالباً ما تكون تعديلات للاشراف الاكلنييكي التي قامت على أساس نظرية تعليم الكبار وعلى التعاون وعلى الاهتمام بالوفاء باحتياجات المعلمين وبمتطلبات النظام المدرسي.

انماط الاشراف في مدارس ذوي الاحتياجات الخاصة:

1. **الاشراف الإكلينيكي:**

تأتي نشأة الاشراف الإكلينيكي من العمل الذي أتمه موريس موجان morris mogan وربرت جولدهمر Robert goldhammer بجامعة هارفارد، وتم التوسع فيه على يد رالف موسر Ralph moser وديفيد بيربل david purpel ويهتم الاشراف الإكلينيكي بالعلاقات الداخلية بين المعلم وبين المشرف، ويتم التركيز في هذا النمط على التفاعلات والاحتكاك المباشر بين المعلم وبين المشرف من أجل تحسين التدريس، وتعتبر السلوكيات داخل حجرة الدراسة من

جانب المعلم ومن جانب التلاميذ هي الأساس الذي يتم عليه التحليل والاختيار لأساليب تدريسية بديلة، وعلى الرغم من أن المبتدعين الأصليين لهذا النمط قد قدموا واقترحوا أسلوبين مختلفين بصورة بسيطة، فقد اشتمل الاشراف الإكلينيكي عند الحد الأدنى على تشاور يسبق الملاحظة، ثم تأتي الملاحظة، فتحليل التدريس وسلوكيات التعلم، ثم تشاور يلي الملاحظة، وأخيراً تقييم للعملية الاشرافية، وبهذا قد تم النظر الى الاشراف الإكلينيكي على أنه عملية دورية.

يلاحظ باجاك pajak الاشراف الإكلينيكي قد ظل عملية مهمة في الحقل الاشرافي، وهو يفترض أن أسلوبه وهيئته قد تغير عبر السنوات حيث أن العديد من الكتاب قد أعادوا تفسير الإطار الرئيسي وتوسعوا فيه ومع ذلك ظل الاشراف الإكلينيكي يلعب دوراً هاماً وحيوياً في الحقل الاشرافي لأكثر من عقدين من الزمان، ولقد تبينت بعض الأنماط الاشرافية موقفاً إنسانياً وفنياً بينما تعتبر الأخرى أكثر أسلوبية وتعليمية، ولقد ظهرت منذ منتصف الثمانينات وحتى عصرنا هذا العديد من محاولات التطوير والتحسين في الاشراف الإكلينيكي، ويظهر تحول واضح في الممارسة الحالية للاشراف مفترضاً ومقترحاً لاستخدام نطاق من المحاولات الاشرافية للوفاء بالاحتياجات المختلفة والمواقف المتباينة.

2. الاشراف التطوري:

يعتبر جليكمان glickman وجوردن Gordon روس جوردن ross Gordon هم من اقترحوا هذا النمط من الاشراف، وفي هذا النمط يقوم المشرف بالمضاهاة بين عملية الاشراف وبين خصائص وسمات المعلم ومستوى تطوره، وربما يختار المشرف إما أن يكون توجيهياً أو تعاونياً أو غير توجيهي عند عمله مع معلم بعينه، وهناك ثلاث مراحل للاشراف التطوري:

أ.   اختيار أفضل الطرق للتدخل الاشرافي على المعلم وذلك على أساس مستوى التطور الناجح والالتزام والخبرة.

ب.   تطبيق الطريقة التي تم اختيارها.

ج.   تعزيز تطوير المعلم للمهارات التدريسية بينما تزداد تدريجيا مسئولية المعلم عن الاختيار وصنع القرار.

3. الاشراف الداخلي:

لقد اقترح كتاب عديدون في حقل الاشراف العمليات الداخلية كاختيارات من أجل الاشراف على المعلمين، ويصف جلات هورن glatthom أحد الذين عملوا في هذا المجال التطور المهني التعاوني على أنه عملية تعزيز وتطوير ونمو المعلم من خلال التعاون المنظم مع الزملاء في العمل ويتضمن هذا العديد من الطرق مثل الحوار المهني، وتطوير المنهج الدراسي، وملاحظات الزملاء وإفادتهم، ومشاريع البحث المشترك، ويساعد المشرفون في تنسيق الفروق الداخلية ويقومون بمراقبة العملية وتحقيق الهدف، ومن المصطلحات الأخرى التي تصف الاشراف الداخلي وتشتمل على " التوجيه الجيد" و"التعلم المعرفي" و" التعليم التعاوني".

4. الاشراف الذاتي:

الاشراف الذاتي هو نمط آخر من أنماط الاشراف وفي هذا النمط يحدد المعلمون أهدافاً من أجل تطورهم المهني الخاص ويضعون خطة من أجل تحقيق تلك الأهداف ثم يقدمون الخطة للمشرف، وبعد انتهاء فترة معينة من الوقت يتشاور المشرف والمعلم سوياً لمراجعة المعلومات التي تمثل عمل المعلم نحو الهدف وتنعكس على ما تم تعليمه قبل تحديد مجموعة جديدة من الأهداف.

5. الاشراف التنوعي:

الاشراف التنوعي هو توفير نطاق من الاختيارات للاشراف، فهو السماح للمعلمين باختيار نمط الاشراف المنخرطين فيه. والاختيارات يمكن أن تشمل على

تلك التي تم وصفها بالفعل مثل الاشراف الإكلينيكي، والاشراف الداخلي، والاشراف الـذاتي، والاختيـار الرابع هو الرقابة الادارية التي يقوم فيها المشرف بإدارة مجموعـة مـن الملاحظـات القصيرة والغير رسمية التي يتم استخدامها لمساعدة وتقييم المعلم، وبسبب المسـئولية المشـتركة عـن الاشراف بـين مديري التربية الخاصة والتعليم العام لا بد أن يكون الاشراف على مؤسسات التربيـة الخاصـة وافقاً وضمن ممارسات الاشراف على التعليم العام داخل المدرسة العامة.

الاسس النظرية للاشراف على مؤسسات التربية الخاصة:

تتضمن التعليقات المهنية مثلها مثل موارد الادارة والاشراف عـلى توجيـه المهـارات والمعرفة التي يتطلبها إعداد المديرين والمشرفين، وتشتمل أيضاً على اقتراحـات لتحسـين الأداء، ويقـترح بعداً للعمل الاشرافي الذي يسهم في تحسين التعليم أو التطور المهني، وتمثل هذه الأبعاد أكثر من ثلاثمائة حقل من حقول المعرفة والمهارات والمواقف الموجودة في مجموع مـا كتـب حـول الاشراف وتنطبـق على المشرفين التعليميين عند جميع المستويات التنظيمية وتشتمل الأبعاد التي تم تحددها على مـا يلي:

1. الاتصال والتخاطب: ضمان الاتصال الصريح والواضح فيما بـين الأفراد والجماعـات داخل جميع أجزاء المدرسة.

2. تطور اعضاء هيئة التدريس: تطوير وتسهيل الفرص من أجل التطور المهني للأعضاء.

3. البرنامج التدريسي: دعم وتنسيق الجهود من أجل تحسين البرنامج التدريسي.

4. التخطيط والتغير: بدء وتنفيذ الاستراتيجيات التي تطورت بشكل تعاوني وذلك مـن أجل التحسين المستمر.

5. الحث والتنظيم: مساعدة الناس على تكوين رؤية مشتركة وتحقيق أهداف جماعية.

6. الملاحظة والتشاور: توفير التعاون المتبادل بين المعلمين على أساس ملاحظات حجرات الدراسة.

7. المنهج الدراسي: تنسيق ودمج عملية تطوير المنهج الدراسي وتنفيذه.

8. حل المشكلة وصنع القرار: استخدام العديد من الاستراتيجيات لتوضيح المشاكل واتخاذ القرار المناسب للظروف والامكانيات المتاحة.

9. تقديم الخدمات للمعلمين: توفير الأدوات، والموارد، والمساعدة لدعم عمليتي التعليم والتعلم.

10. التطور الشخصي: الادراك والتأثير على الأفعال والقدرات والمعتقدات المهنية والشخصية للمدرسين.

11. العلاقات مع المجتمع: وتأسيس وحفظ العلاقات المثمرة والصريحة بين المدرسة وبين المجتمع الخارجي.

12. تقييم البرنامج والبحث: تشجيع التجريب وتقييم النتائج.

وتمثل أبعاد الاشراف هذه المعرفة الفنية والمهارات الاجرائية ولكنها تؤكد أيضاً على أن الاشراف يدور حول العلاقات البشرية وأنه نشاط موجه ذاتياً.

وقد اقترحت هذه الأبعاد كمعايير هامة للاشراف العام داخل المدارس، وفي مدارس التربية الخاصة، ومن أجل أن نعطي جميع الأطفال فرصة التعلم، لا بد أن يكون مديري وهيئات الموظفين في المدارس موجهين نحو المبادئ الأساسية للتعليم والتي تتضمن أن جميع الأطفال بما فيهم ذوي الاحتياجات الخاصة لا بد أن يحصلوا على القدر الكافي من التعليم الذي يؤهلهم للالتحاق بالمجتمع ومجاراة أقرانهم في الدول الأخرى، كما يجب أن يؤمن مديري المدارس أنهم

مسئولون عن تعليم جميع الأطفال الموجودين في مدرستهم، وتـؤدى هـذه المعتقـدات الى أن يضـع مديري المدارس الاشراف على العملية التعليمية وعلى التدريس ضمن وظائفهم وواجباتهم القيادية.

ويحتاج مديري مدارس التربية الخاصة لمعرفة الكثير من احتياجات الأطفال المعـاقين وعـن تأثير تلك الاعاقة على تعلمهم، وتشتمل المهـارات الخاصـة للقيـادة والادارة داخـل مـدارس التربيـة الخاصة باستخدام التخطيط التعاوني وصنع القرار، ودعم تطور المعلـم عـبر طـرق الاشراف، وتأييـد برامج التدريس الفعالة.

ومن الممكن أن يقوم بالإشراف في مدارس التربية الخاصة العديد مـن المـوظفين والأشـخاص ولكن الأهم من هذا هو تحديد الواجبات والمهارات التي يؤديها كل موظف وذلك حتـى لا يكـون هناك أي نوع من أنواع التضارب بين المهام وحتى تتسم العملية الاشرافية في هذه مدارس بالتنسيق والترتيب من أجل الوصول لأفضل النتائج، ومن المهام الاشرافية المقترحة داخلها هي:

- تكوين صور ونماذج للبرنامج التعليمي.
- تكوين برنامج شامل لتطوير أعضاء هيئة التدريس.
- توفير مساعدة متميزة للمعلمين للعمل على تنمية مهاراتهم.
- تطوير أو تعديل المنهج الدراسي بما يتناسب مع احتياجاتهم.
- التنسيق بين المهام والبرامج.
- توفير وتنسيق الموارد التدريسية.
- تقييم البرامج التدريسية للوقوف على مدى مناسبتها.
- تمهيد الطريق لتطور البرنامج التعليمي العام وتنفيذه.

ونمط الاشراف الـداخلي وهو الاشراف القـائم عـلى متابعـة الـزملاء لعمـل بعضـهم البـعض والاشراف عليه وذلك كوسيلة للمساعدة على التطور المهني

للمعلمين المبتدئين في مدارس التربية الخاصة ولكسر الشعور بالعزلة الـذي يشعر بـه العديد مـن معلمي التربية الخاصة.

وأهمية الاشراف ووظائفه ودراسة وفحص العديد مـن الأبحاث التي أجريت حـول هـذا المجال وتلك الدراسات، أما دراسات أجريت بالتعاون مع المشرفين على المدارس ومع حملـى التربيـة الخاصة من أجل الوصول لأفضل الطرق الاشرافية التي تؤدي الى اندماج الأطفال ذوي الاحتياجـات الخاصة في التعليم العام، أو دراسات أجريت بالتعاون مـع المشرفين عـلى التعليم العـام وهنـاك دراسات حول الاشراف على المعلمين في هـذه مـدارس، وحاولـت دراسات أخرى تحديـد المعارف والمهارات والمواقف والقيم المطلوبة من أجل الاشراف الفعال مثل الدراسات التي أجراهـا، ووايـت whiteعام 1993، وحددت دراسات أخرى عوامل النجاح الحاسمة والكفاءات المطلوبة للاشراف الفعال مثل الدراسات التي أجراها جونسون وبوريلو وجونسون Johnson & burrello عام 1987، وكويجنى Quigney عام 1992 وبحثت بعضها في الاشراف داخل بيئات معينة مثل الدراسات التـي أجراها فرانكس – راندال randal-franks عام 1998، ووايت عام 1993.

أما في تعريفات الاشراف فقد تنوعت تلك الدراسات في تعريفها للاشراف فجاء في الدراسـات التـي أجراهـا بريتـون Breton ودونالدسـون Donaldson عـام 1991، أن الاشراف هـو عمليـات وسلوكيات موجهة، أو عرفتها دراسات أخرى عن طريق خصائص نموذجية مثل الدراسة التي أجراها كلاوز عام 1993، ولم تقدم دراسات أخرى بتحديد تعريف واضح لـلاشراف ولكنها انصبت عـلى مناقشـة القدرات الاشرافيـة داخـل مفهـوم شامل مثل مفـاهيم الادارة المدرسـية (نـرى ذلـك في الدراسـات التـي أجراهـا فروهـون frohoff ولبنـدل عـام 1988، وكـويجنى عـام 1991). وبـاقي الدراسات قامت بتعريف الاشراف كأصناف شاملة متسعة من المسؤوليات الاشرافية.

المستويات العملية الاشرافية لمدارس التربية الخاصة:

يجب أن نتساءل من يقوم بالإشراف في مدارس التربية الخاصة، حيث يوجد هناك حاجة ماسة لوجود تعاون بين مديري المؤسسات التعليمية وبين مديري التربية الخاصة داخل تلك المؤسسة وذلك من أجل الاشراف على التعليم. ويمكن أن يشتمل مدير إدارة التربية الخاصة أو مدير المديرية أو ناظر المدرسة ومساعديهم ومنسقي العمل والمدرسين الأوائل.

وقد أصبح للاشراف على برامج التعليم في مدارس التربية الخاصة أهمية متزايدة عند مديري المؤسسة وإقرار تطور برامج التربية الخاصة داخل المدارس النظامية.

وتضفي المؤسسات التنظيمية مثل الادارة التعليمية والتعليم الشامل على المدير مسؤولية قيادة جميع البرامج وجميع التلاميذ، من ضمنهم تلك الخاصة بتعليم التلاميذ ذوي الاحتياجات الخاصة وتلاميذه، ومع ذلك تحظى النظم المدرسية بمديرين ومشرفين يحملون على عاتقهم مسئوليات مختلفة الدرجات بالاشراف على برامج التربية الخاصة وهيئة التدريس، وفي بعض الحالات يتم فهم الاشراف على أعضاء هيئة التدريس في التربية الخاصة على أنه مسئولية لا يختص بها المدير أو المشرف على التربية الخاصة، وفي حالات أخرى يتم فهمه على أنه مسئولية مشتركة والأجزاء التالية تحلل الدراسات المتعلقة بالمديرين وقائدة التربية الخاصة كمشرفين وتكشف لنا من يقوم الاشراف.

الاشراف على مدارس التربية الخاصة:

تم القيام بدراسة وفحص مفاهيم مدرسي التربية الخاصة حول الاشراف الذي يتلقونه، وتم إدراك استبيان الى جميع المدرسين وإرسال الاستبيان وباستخدام البيانات التي جاءت في تقرير تم تكوين صورة حول الاشراف الذي

يتلقاه المدرسون المتخصصون داخل مدارس التربية الخاصة ولقد وضحت تلك الصورة من الذي قام بالاشراف على المدرسين، وكيف تم ذلك الاشراف، وكيف استفاد هؤلاء المدرسون من ذلك الاشراف. ولقد طلب من المدرسين أن يقوموا بتحديد هوية المشرف الأساسي عليهم في ثلاثة حقول من الاشراف، بما فيها الملاحظة الرسمية، والاستشارة حول الأداء التدريسي، والاستشارة العلاقات بالبيئة المحيطة بالمدرسة، ولقد تضمنت الاختيارات من أجل المشرف الأساسي في كل حقل إشرافي كل من المدير، ومدير التربية الخاصة، ومنسق المنهج الدراسي، ومراقب المدرسة، ومساعد مراقب المدرسة، ولقد قرر 55% من اجمالي المدرسين أنه لا يتم الاشراف عليهم على الاطلاق، وقرر 35% من اجمالي المدرسين أن المدير هو المشرف الرئيسي عليهم.

وقرر 45% من المدرسين أنهم لا يتم الاشراف عليهم بصورة رسمية بواسطة مدير المدرسة، و34% منهم لم يطلبوا المشورة قط حول الأداء التدريسي من المدير، 26% لم يتلقوا أي نصيحة حول الواجبات الغير تدريسية من المدير، ويتضح من هذا مدى الاحباط الذي نصل اليه عندما ترى أن مديري المدارس لا يقومون بعملهم الاشرافي الكامل على العملية التدريسية داخل المدارس.

اختصاصات ناظر المدرسة:

وتعد مسئولية ناظر المدرسة فنية وإدارية ونجاحه يتوقف على قيامه بالمهام الادارية والفنية وعدم تغلب أي منهما على الآخر: وينحصر اختصاصه في الآتي:

1. دراسة الأهداف العامة وأهداف المرحلة التعليمية التي تنطوي عليها مدرسته وكذلك أهداف المناهج والمقررات ومحتواها مع المعلمين ومناقشتهم في الطرق المثلى للوصول الى هذه الأهداف.
2. أن يكون المدير على صلة بالتطورات المستمرة في مجال التربية وعلم النفس والمناهج الدراسية ويقوم بمعاونة معلميه على الوقوف على

أحدث الطرق التربوية للاستفادة منها في تعليمهم للتلاميذ، كما يعمل على تنمية المعلم مهنياً وثقافياً.

3. يقوم بعقد الاجتماعات مع أعضاء هيئة التدريس لعرض الخطط المراد تنفيذها، وتوزيع المناهج لكل المواد الدراسية على مدار السنة.

4. يقوم بمتابعة الامتحانات الشهرية ونصف العام وآخر العام والدور الثاني وتعيين من يراه مناسباً لحسن سير العمل في الامتحانات.

5. متابعة الأعمال التحريرية للمعلمين والتلاميذ والوقوف على مواطن القوة والضعف.

6. يقوم بالمتابعة المستمرة للعاملين داخل حجرات الدراسة وفي قاعات النشاط والتعرف على المشكلات التي تواجه تنفيذ المناهج.

7. تقييم العاملين بالمدرسة وبمساعدة المسئولين عن الاشراف والتوجيه في ضوء الكفائة والمتابعة.

اختصاصات وكيل المدرسة:

لوكيل المدرسة دور فعال ونشط في الاشراف التربوي ويتضح هذا الدور فيما يلي:

1. الاشراف على خطة تنفيذ الأنشطة التربوية (الاجتماعية-الرياضية- الثقافية-الفنية) باعتبار أن النشاط جزء حيوي في المدرسة.

2. الاشراف على عملية توزيع الكتب واستكمال العجز.

3. الاشتراك في توزيع المناهج على مدار السنة ودراسة المنهج المدرسي والكتب المقررة وتحليلها.

4. المتابعة الفنية الميدانية داخل الفصول مع الاشراف على السجلات الخاصة بالأعمال خلال السنة ودرجات الامتحانات.

5. الاشتراك في عملية تنسيق قبول التلاميذ بالمدرسة وتوزيعهم علـى الفصـول والاشتراك في توزيع الجدول المدرسي على أعضاء هيئة التدريس.

6. الاشراف على سير الامتحانات ورئاسة بعض لجانها.

اختصاصات المدرس:

توجد مجموعة من الأدوار والاختصاصات يقوم بها المدرس الأول في الاشراف التربوي وهي:

1. فحص الكتب المقررة ودراسة مناهجها مع المدرسين.

2. متابعة التخطيط الزمني لتوزيع موضوعات المناهج علـى أشهر العـام الـدراسي والأنشطة المرتبطة بها مع المدرسين.

3. توجيه عناية خاصة لما استحدث من تعديلات وتطورات حديثة.

4. متابعة المدرسين متابعة جادة في مجال تخصيصه داخل الفصول ومتابعـة الأعمـال التحريرية والعملية للتلاميذ والعناية بالمتخلفين منهم، والعمل على النهـوض بهـم وإعداد سجل خاص بهم وبيان نواحي التخلف لكل منهم واقتراح الحلول، وكذلك رعايتهم وتنمية مواهبهم.

الاشراف ومديري التربية الخاصة:

لقد بينت الدراسة السابقة أن نسبة 53% من مدرسي المدارس لـذوي الاحتياجـات الخاصـة أدركوا أم مدير التربية الخاصة هو المشرف الرئيسي عليهم، وهذه النسبة أعـلى مـن نسـبة الـ39% التي حددت المدير كمشرف رئيسي على العملية التدريسية، ومن الجدير بالملاحظة أنه بينما يكون مدير التربية الخاصة هم في الغالب المشرفين الرئيسين على العملية التدريسية فهم مسئولون بصورة

عامة عن المدرسين والبرامج التدريسية في الكثير من أجل الاشراف على مدرسيها وذلك أقل من المديرين داخل المباني التعليمية.

وفي دراسة حول مديري المدارس الثانوية أتضح أن وجود مدير التربية الخاصة الدائم داخل الادارة المدرسية يرتبط بصورة هامة مع الموضوعات التي تختص بها مسئوليات مدير المدرسة، فعندما يتواجد مدير للتعليم الخاص بصورة دائمة في الادارة لم يكن مديري المدارس مسئولية تامة عن الاشراف على التربية الخاصة، وعندما يتواجد مدير التربية الخاصة لنصف الوقت أو جزء منه فقط كانت نسبة 50% من مديري المدارس مسئولين عن التربية الخاصة بصورة كاملة، وعندما لم يتواجد أي مدير للتعليم الخاص كانت نسبة 80% من المديرين مسئولين مسئولية تامة عن الاشراف على هيئة التدريس في التربية الخاصة، ويبدو من المنطقي أنه حينما يتواجد مدير للتعليم الخاص في الادارة التعليمية فإن الاشراف يتم أداؤه عن طريق هذا المدير أو على الأقل يشارك فيه، وعلى الرغم من أن مسئوليات مدير التربية الخاصة تشمل جميع أجزاء الادارة الا أن دخوله وانخراطه مع المعلمين داخل الفصول هو أقل بكثير من الاحتكاك المفروض حدوثه بين مدير المدرسة وبين المعلم، وإذا قام المديرون بإحالة جميع مهام ومسئوليات الاشراف الى مديري التربية الخاصة يكون لهذا تأثيراً سلبياً على الاشراف المباشر الذي يتلقاه المعلمون داخل مدارس ذوي الاحتياجات الخاصة.

اختصاصات مدير إدارة التربية الخاصة:

1. معاونة مدير عام المديرية التعليمية في مباشرة اختصاصاته.
2. وضع السياسة والخطط العامة لإدارته.
3. التنسيق بين أنشطة الادارة بغيه تحقيق الهداف الرئيسة في إطار الخطة العامة للدولة.
4. حضور الاجتماعات والندوات التي تعقد في مجال تخصصه.

5. متابعة نتائج تنفيذ أعمال الادارة، ومتابعة ما يقوم به مدير الادارة والمراحل ورؤساء الأقسام من أعمال إشرافية في مجال تخصصهم.

اختصاصات مدير مرحلة التربية الخاصة

1. دراسة التقارير والنشرات الجديدة المتعلقة بمجال تخصصه.
2. المشاركة في وضع الخطط العامة للادارة.
3. حضور الاجتماعات والندوات التي تعقد في مجال تخصصه.
4. يقوم بالاشراف على كل الأعمال الادارية والفنية داخل أدارته.

اختصاصات رئيس القسم:

1. الاشراف على موجهي الأقسام ومتابعة خطوط سيرهم وتقاريرهم المسجلة بدفاتر زيارة المدارس كما يتلقى تقاريرهم المتعلقة بحاجات المدرسين وإرسالها للادارة العامة للتربية الخاصة.
2. الحرص على تزويد المدارس بحاجاتها من السلف والاعتمادات المالية.
3. العمل على استكمال العجز في هيئة التدريس بمدارس التربية الخاصة من التعليم العام.
4. الاحتفاظ بإحصاء شامل للمدارس وهيئات التدريس بهذه المدارس كما يعد سجلات فنية للنشرات والمناهج والمقررات وتوزيع الدرجات.

اختصاصات موجه القسم:

1. متابعة المدارس والفصول الداخلية في نصابه من النواحي الادارية والتنظيمية والمالية.
2. توفير احتياجات المدارس من هيئات التدريس والتجهيزات ويقدم لرئيس القسم تقريرا وافيا عن حالة المدارس والفصول.
3. تدبير سد العجز في مدارس التربية الخاصة من التعليم العام مع مراعاة عدم ندب مدرسين من مدارس التربية الخاصة للتعليم العام إلا بعد موافقة الادارة العامة للتربية الخاصة.
4. الاشراف على تنفيذ المناهجوالخطط المقررة باستخدام الوسائل التعليمية والكتب المدرسية ومتابعة تقويم أعمال التلاميذ للوقوف على مستواهم التعليمي.

5. إرسال تقرير واضح عن أحوال المدرسة بعد كل زيارة وطريقة سـير المنـاهج مع تقديم اقتراحاته لرفع مستوي العملية التعليمية، كما يقوم بكتابة تقرير شهري ونتائج متابعته للمدارس التابعة له موضحا فيه الايجابيات والسلبيات، ثم يقوم بإرسال هذا التقرير الى الادارة العامة للتربية الخاصة.

اختصاصات موجهي المواد الثقافية والمهنية:

1. أن يقوم بعقد اجتماعات مع المعلمين الذين يقومون بتدريس مادته وتوجيههم لطرق التدريس المناسبة وكذلك الوسائل التعليمية المناسبة.

2. عرض المشاكل التي تعوق تدريس المادة والعمل على علاجها.

3. تقييم مستوي التلاميذ من الناحية التحصيلية بتسجيل ذلك في سجل زيارات الموجهين بالمدرسة.

4. كتابة تقارير كفاية عن كل معلم بالاشتراك مع موجه الاعاقة المركزي وإرساله للادارة العامة للتربية الخاصة بالوزارة.

يتضح من تلك الدراسات أن مديري المدرسة ومير التربية الخاصة أو المشرف علـى التربية الخاصة يرتديان كلاهما قبعة الاشراف على التربية الخاصة وتشير مفاهيم معلمي التربية الخاصة والعام ومثلها مثل مفاهيم مـديري المـدارس ومديري التربية الخاصة الى أن الاشراف علـى التربية الخاصة هو أحياناً يكون مسئول يختص بها أما مديري المـدارس أو مـديري التربيـة الخاصة ولكنها غالباً ما تكون مسؤولية مشتركة بينهما ومع أن هـذه المسئولية المشـتركة تبدو معقولـة لاعتبـارات الادارة الميدانية والتعاون وأن معظم الأطفال ذوي الاحتياجات الخاصة يتم تعليمهم داخل مـدارس نظامية فإن الدور المستمر لمدير التربية الخاصة كمشرف يتضح أنه يشير الى الحاجة لوجود خبرات ملائمة حول أمور الاعاقة وحول الاستراتيجيات التدريسية، ويؤدي هـذا الى بعض الاهتمام حول كيفية التشارك في المسؤوليات وذلك إذا وجد الاشراف التعاوني

بالفعل حتى لا يصبح الاشراف على التدريس في التربية الخاصة مهملاً بسبب غموض الدور.

المعارف والمهارات المطلوبة من أجل الاشراف بالتربية الخاصة:

يعتبر التربية الخاصة نظاماً معقداً في حد ذاته لقد تم تحديد 13 إعاقة يصبح من خلالها التلاميذ مقبولين للالتحاق بالتعليم لذوي الاحتياجات الخاصة والخدمات المتصلة، وتؤثر ظروف الاعاقة على التعلم بطرق مزايدة، ولقد استنبط المعلمون والباحثون طرقاً خاصة واستراتيجيات محددة من أجل استخدامها حيث التدريس للتلاميذ ذوي الخصائص التعليمية المتنوعة المرتبطة بإعاقاتهم، ويتم تدريب مدرسي التربية الخاصة على تلك الاستراتيجيات والأساليب ويتم تأهلهم من أجل التدريس للتلاميذ ذوي الاحتياجات الخاصة، وبالاضافة لمعرفة خصائص الاعاقة وأساليب التدريس لذوي الاحتياجات الخاصة توجد أبعاد مزايدة أخرى لأداء خدمة التربية الخاصة ومن ضمنها المتطلبات القانونية، وأعضاء هيئة التدريس، وخدمات الدعم والخدمات المتصلة، وموقع الخدمات، ونماذج وتوصيل وأداء تلك الخدمات، ويطرح هذا التعقيد في التربية الخاصة وخدماته سؤالاً علمياً: هل يحتاج جميع المشرفين لامتلاك الخبرات والمعارف حول سمات وملامح العجز المعينة وخصائصه الفريدة من أجل توفير الاشراف الفعال على التدريس في التربية الخاصة.

المعرفة الخاصة عن العجز والاعاقة:

لقد وجد أن معلمي التعليم لذوي الاحتياجات الخاصة عندما تتوفر لهم الفرصة لاختيار من يشرف عليهم يفضلون اختيار الشخص الذي يمتلك الخبرات والمعارف التي تقع ضمن نطاق المجال الذي يقومون بالتدريس فيه والذي تلقوا فيه تدريسهم، ولقد أجريت عدة مقابلات شخصية مع العديد من مدرسي

التربية الخاصة ومع بعض المشرفين عليهم، وتم التوصل الى أن المدرسين والمشرفين يفضلون الاشراف المنظم الخاضع لبرنامج معين وذلك لن هذا النمط من الاشراف يتميز عن الاشراف التقليدي في أنه يوفر فرص التفاعل المباشر بين المشرفين والمدرسين خاصة أن هذا النمط من الاشراف الذي يقوم على الحوار والتشاور بين المشرفين والمدرسين يفيد جداً عند التعاملمع المدرسين المبتدئين وذلك عندما يكون المشرف قد تلقى تدريبه وتأهله في مجال مشابه للمجال الذي تلقى المدرس فيه تدريبه، فعندما تتشابه المعارف والخبرات تصبح فرص الحوار أفضل ما يكون ويصب كل هذا في مصلحة التعليم ويفيد في تطور المدرس مهنياً وتطور التلميذ ذو الاحتياجات الخاصة تعليمياً، ويعتبر أ]ضاً من فوائد هذا النمط الاشرافي تخليص مدرسي التربية الخاصة من عزلتهم وتسهيل التخاطب بينهم وبين المشرفين.

ففي النمط التقليدي للاشراف يصبح المشرفون مهتمون بمجال معين من الاعاقة عند التلاميذ مما يجعل عملية التطور المهني ونمو الخبرات والمعارف عند المدرسين أبطأ بكثير من النمط الذي يكون فيه تحاور وتشاور مباشر بين المدرسين والمشرفين،ويرجع هذا الى أن المشرف يكون غير قادر على التعامل المثمر مع المدرس لأنه لا يشترك معه في المعارف والخبرات.

وعلى الرغم من تفضيل معظم المدرسين والمشرفين لنمط الاشراف المبرمج إلا أنهم أشاروا الى أن النمط التقليدي ربما يعزز المعرفة الوسع بالمدرسة وأمورها وأيضاً بشئون المنطقة الواقع فيها المدرسة، وربما يزيد من إمكانية الحصول على المشرفين، وتخفيض التكاليف ومدة الانتقال، وتعزيز إدخال عدد أكبر من التلاميذ في النشاطات المدرسية.

المهارات الاشرافية:

تعتبر معرفة المشرف التربوي بأنواع الاعاقة من الأمور المهمة خاصة في العلاقات الانسانية والشئون الادارية، لكي يتم فحص عملية الاشراف والمهارات والمعارف والقيم المهمة الخاصة بـإجراء العديد من المقابلات مع معلمي ومشرفي مدارس ذو الاحتياجات الخاصة حتى يتم التماس مفاهيم حول أدوارهم ومسئولياتهم داخل مدارس التربية الخاصة.

وعن المهارات والمعارف والقيم التي يدركوها كأشياء مهمة من أجل العملية الاشرافية، ولقد قام كلاً من المشرفين والمعلمين باستكمال استفتاء اشتمل علـى عـدد مـن المهارات تتعلـق بالعمـل الاشرافي، ولقد قام المعلمون بربط أهمية الأداء الفعال للمشرفين بكل مهارة، بينما قام المشرفون بتقييم فعاليتهم الخاصة طبقاً لكل مهارة ووضحوا أهمية كل مهارة ومستوى التدريب الذي حصلوا عليه في كـل مهـارة قبل التحاقهم بالخدمـة، ولقد أوضح تحليـل هـذا الاستفتاء أن هنـاك أدوار ومهارات وجالات للمعرفة وقيم وتعتبر كل تلك الأشياء مهمة من أجل الاشراف الفعال على العملية التعليمية وعلى أساليب التدريس، وكان الدورين الولين هـما المتعلقـان بالدعم والاستشارة، ولقد تضمن أدوار الاستشارة على اعطاء المساعدة الفنية وإعطاء نمـاذج للاسـاليب التي يجـب اتباعهـا، وتوفير الموارد والأدوات، واشتملت أدوار الدعم على إعطاء الدعم العاطفي ومساعدة الآخرين علـى النحو الشخصي، ومـن المهـارات التـي يجـب أن تتـوافر في المشرفين علـى التربية الخاصة مهـارات التخاطب والحوار، والمرونة في الأسلوب، وإنهاء التضارب في الأداء، وتكوين الصلات الحميمـة مـع المدرسين، وإضافاء روح الفريق على الأعمال الاشرافية ةمجال المعرفة الأول بالنسبة للمشرفين كـان الشخصيات، بينما وضح المعلمون أن مجال المعرفة عنـدهم هـو المهـارات الفنيـة مثـل الأسـاليب التدريسية، ولقد أتفق المعلمون والمشرفون على أن الأمانة في العمل والاستقامة فيه هي أهم القيم المطلوبة، وبينما أتفق المعلمون والمشرفون على أن

كل البنود المتعلقة بالمهارات والموجودة داخل الاستفتاء هي إلى حد ما مناسبة فلقد ظهرت الاختلافات في تصنيفهم لأهمية الحاجة للحوار الصريح بين المعلمين والمشرفين لتوضيح ما يحتاجه المعلمون من المشرفين حتى يكون الاشراف مفيداً الى أقصى درجة.

وهناك العديد من العوامل التي تحدد مدى نجاح العملية الاشرافية فمتى تحققت تلم العوامل نجاح العملية الاشرافية ملموساً، والعامل الأول هو " يجب أن التربية الخاصة يجب أن توفر برامج تدريسية فعالة وخدمات جيدة وملموسة تؤدى الى دعم نمو التلميذ وتطوره في ثلاث مجالات.

- المجال الأكاديمي والسلوك والمهارات الاجتماعية، تلك العوامل " يجب أن يتم فهم التربية الخاصة على أنه جزء لا يتجزأ من التعاون المدرسي الكامل ويجب أن يترك في عملية التعليم النظامي في تلك المجالات مثل تطور ونمو هيئة الموظفين، ومن المهارات الاشرافية التي تم الاتفاق على أهميتها تشتمل على ما يلي:

- أن يكون المشرف دعماً للمدرس.

- استخدام مهارات حل المشكلة.

- الحوار مع المديرين حول التخطيط والتغيير.

- أن يؤدي المشرف إجراءات ثابتة ومعقولة.

- تعزيز العلاقات مع المجتمع.

3. القدرات التي يجب أن يتمتع بها مديري المدارس:

لقد وضع فارلي farley نموذجاً للاشراف التربوي الفعال على برامج التربية الخاصة، ولقد تم ارسال استفتاء مبني على هذا النموذج وتمت مراجعته بواسطة خبراء في المجال الى عينة من مديري المدارس ومدرسي التربية الخاصة ومدرسي

التعليم العام، ولقد طلب من المدرسين والمديرين أن يصنفوا كل من القدرات البالغ عددها 31 والموجودة داخل الاستفتاء في خمس مجالات، واشتملت هذه المناطق الخمس على:

أ. الحوار.

ب. تطور هيئة التدريس.

ج. التقييم المنتظم للمعلمين.

د. التعاون.

ه. وضع البرامج التدريسية.

وفيما يلي أمثلة للقدرات ضمن المجالات الخمس:

- توفير التوجيه الواضح والدعم النشط للمعلمين بخصوص أهداف وتوقيعات برامج التربية الخاصة.

- إجراء الحوارات مع المعلمين لتوضيح أن تعليم الطفل المعاق وذو الاحتياجات الخاصة هو مسئولية جميع أعضاء هيئة التديس.

- توفير الفرص من أجل التطبيق والممارسة والتأثير على المهارات الموجودة في العمل.

- توفير الدعم والمساعدة المستمرين للمدرسين المبتدئين.

- توفير الموارد من أجل تنفيذ التدخلات.

- تشجيع استخدام المبتكرات العديدة من أجل تحسين التدريس.

- إعطاء الملاحظات المتكررة من أجل تحسين الفعالية التدريسية.

ولقد أكد المعلمون والمديرون أن كل القدرات التي تضمنها النموذج هي مهمة بدرجة كبيرة من أجل الاشراف الفعال على العملية التدريسية داخل برامج التربية الخاصة.

و عندما قام المديرون بتصنيف الوظائف الاشرافية العامة من حيث الأهمية جاء في المرتبة الأولى تشكيل أعضاء هيئة التدريس، ثم تطوير المنهج الدراسي، ثم العلاقات مع الجمهور، ثم تنظيم العملية التدريسية، ثم الانتفاع من خدمات الدعم، ثم توفير التدريب الملائم للمدرسين، وأخيرا تطوير موارد التعليم، ولقد قام المديرون أيضا بتصنيف مجالات المعرفة والمهارة من حيث الأهمية، فتم تصنيف مهارات العملية الاشرافية الشاملة التي تشمل التخطيط والملاحظة والتشاور وصنع القرار على أنها أكثر إفادة من معرفة خصائص واحتياجات الطفل المعاق، ومن نماذج أداء الخدمة، ومن أساليب وأدوات التربية الخاصة، ومن أهم الاحتياجات الخاصة، ولقد عبرت نسبة 7% من المديرين عن رغبتهم في الحصول على تدريب أكبر في مجالات الاعاقة، وربما يعكس تصنيف مهارات الاشراف الأولى المجالات المعرفية التي يتلائم معها المديرون بصورة أكبر وليس المجالات الأكثر إعاقة في الاشراف على التدريس في التربية الخاصة.

4. القيادة التعاونية وغموض الدور:

من المؤكد أن التعاون هو ضرورة ملحة في الاشراف على التعليم في مدارس ذوي الاحتياجات الخاصة، ومع ذلك فيجب التخطيط للتعاون بين مدير المبنى التعليمي وبين مدير الادارة التعليمية بحذر شديد وتنفيذ ذلك التعاون بحرص كبير فهناك احتمال أن تزدوج بعض المسئوليات الاشرافية أو حتى يتم تجاهلها في ظل هذا النموذج، ومن الواضح أن التعاون يحدث بالفعل ولكن هناك احتمال لوجود تعارض وغموض في الدور.

وأن نسبة كبيرة من مديري المدارس طلبوا من مدير التربية الخاصة أو من المدرسين الآخرين أن يكونوا مصادر لتحسين أداء أعضاء هيئة التدريس في التربية الخاصة، وهناك طلبات عديدة لوجود التعاون لكن تلك الطلبات لم تشر الى نوع العمل الجماعي أو المعرفة والمهارات التي يتم استخدامها في مثل تلك الجهود

التعاونية التي تتم بين المدرسين وبعضهم البعض وبين المدرسين والمشرفين عليهم وكذلك مدير المدارس التي يعملون بها.

ومن المفترض الا يوجد أي اختلافات مهمة بين مديري المدارس وبين مديري التربية الخاصة وذلك من حيث مفاهيمهم حول المسئوليات في المهام المصاحبة للادارة والاشراف في برامج التربية الخاصة، وقد تم تصنيف تلك المهام الى:

- الادارة العامة، وإدارة الموظفين، والتطور المهني، وتطوير البرنامج، والتقييم، والمنهج الدراسي والتدريس.

- خدمات الموظفين للتلميذ، العلاقات مع التعليم العام، العلاقات مع المجتمع والجمهور، والحقوق القانونية والسياسية.

- التأييد والمناصرة، والتقدير والمنطقة الوحيدة التي لم يكن فيها غموض في الدور هي الادارة العامة.

ومن المناطق التي ظهر فيها غموض كبير هي اختيار الموظفين، وتعيينهم في المدارس، وتقييمهم، والتنسيق بين التعليم العام والتربية الخاصة. ويرى معظم مديري التربية الخاصة أن هذه المسؤولية مشتركة، ولكن المديرين يرون أن هذه هي مسئوليتهم وحدهم، ويتضح رغم كل شيء أن مديري التربية الخاصة.

وكان تقدير وتقييم التلاميذ لانتقائهم وإدخالهم في التربية الخاصة هو منطقة ذات غموض أيضاً، فلقد ادعت نسبة 81% من مديري التربية الخاصة أن يختار الطلبة هو مسئولياتهم وحدهم بينما اعتبرت نسبة 55% من المديرين أن اختيار التلاميذ هو مسئولية مشتركة، ويأتي هذا في الدارسة التي تم إجراؤها وفي ضوء الواقع كان من الواضح أن المديرون لا يعلمون غالباً ما يكفي عن نقاط العجز والاعاقة عند التلاميذ أو عن أساليب الاختيار أو حتى يدركون أهميتها في عملية الاشراف الفعال ويبدو من الضروري أن ينخرط جميع مديري التربية الخاصة في عملية تقييم التلاميذ، ومع ذلك يجب أن يكون

هذا التقييم هو دور مشترك بين مديري التربية الخاصة وبين مديري المدارس، فيجب أن يجتمع كل من مديري المدارس والمشرفين على التربية الخاصة ويتشاركون بصورة نشطة في مثل تلك العمليات المتعلقة باتخاذ القرار وذلك في أسلوب يتناسب مع قدرات وإمكانيات التلاميذ.

وفي الدراسة قام الباحث بسؤال المشرفين والمديرين عما إذا كان المديرون يدركون دورهم بصورة جيدة وواضحة من أجل توفير وتجهيز برامج التعليم في مدارس ذوي الاحتياجات الخاصة فكانت الاجابة أن 74% من المشرفين على التربية الخاصة بالإضافة الى 46% من مديري المدارس لا يدركون أدوارهم بصورة واضحة، وهذا يدل على غموض شديد في الأدوار التي يجب أن يؤديها المسئولون عن التربية الخاصة، ويتضح من هذا الحاجة الملحة لوجود تشاور دائم وخطاب مستمر بين المشرفين وبين المديرين على مستوى الادارة وذلك من أجل توضيح الأدوار التى ينبغي أن يؤديها كل منهم، وأحد التضمينات الأخرى التي اشتملت عليها تلك الدراسة هو الحاجة لوجود تدريب تعاوني للمديرين والمشرفين على التربية الخاصة عند مرحلة ما قبل الخدمة ومرحلة ممارسة المهنة ومن الممكن أن تؤدى حوارات أكثر عن المسئوليات والأدوار الى غموض أقل في الدور.

ومن الأولويات التى ينبغي أن يدركها المشرف على التعليم مدارس ذوي الاحتياجات الخاصة هي بالترتيب كما يلي:

- القانون، واللوائح التي تنظم العمل داخل المدارس.
- العلاقات مع المجتمع والأسرة ومتطلبات المجتمع الخارجي.
- تطور هيئة التدريس من خلال البرامج والدورات التدريبية.
- عمليات البرنامج التي تتم داخل المدارس.
- المنهج الدراسي والتدريس وأساليب التدريس.
- شئون الموظفين الذين يعملون داخل المدارس.

أما المدير فتقع أولوياته في ترتيب مختلف:

- تطور هيئة التدريس والاشراف عليها.

- شئون الموظفين.

- القانون واللوائح.

- العلاقات مع المجتمع والسرة.

- المنهج الدراسي والتدريس.

- عمليات البرنامج وسير العملية التعليمية.

ولكلا القائدين تصبح القوانين واللوائح التي تنظم سير العمل داخل المدارس ذات أهمية كبيرة وربما يعكس هذا تاريخ التربية الخاصة كنظام نشأ نتيجة لوضع القوانين، ومن ناحية أخرى نرى أن المنهج الدراسي وطرق التدريس يوجدان في المرتبة الخامسة من الأوليات لكلا القائدين، ويبدو في هذا إرباكا

شديداً، وخاصة في دور المشرف على التربية الخاصة ذلك الشخص الذي من المحتمل أن يكون أكثر الناس على علم بأدوات وأساليب التدريس، ولقد أهتم المدرسون بالقدرات التي تتعامل مع تصميم المنهج الدراسي والعملية التدريسية، من قبل المديرين والمشرفين وربما يكون هذا لأن المدرسين يرون أن الأمور التدريسية هي من ضمن مسئولياتهم أكثر من المشرفين وذلك تبعاً لتدريبهم الخاص أو لأن الاحتكاك السابق للمدرسين مع المشرفين لم يختص بالأمور التدرسة مما يؤدي لنظرهم للعملية الاشرافية كشيء غير مهم.

تدريب المشرفون والمديرون قبل الخدمة وأثنائها:

لقد ناقشنا فيما سبق ضرورة الاعداد الجيد للمشرفين التربويين والمديرين وجميع المشاركين في العملية التعليمية، فقد يشعر المديرون بأنهم غير مؤهلين بصورة كافية في الحقل الاشرافي وأنهم يجب أن يختصوا بأمور الادارة وشئون الموظفين ولكن طالما أن المديرين يحتكون بصورة يومية أو شبه يومية مع المدرسين القائمين على العملية التدريسية وذلك على عكس المشرفين الذين قد يذرون المدارس على فترات متباعدة فيجب أن تشتمل إعداد المديرين وتدريبهم على مقررات تختص بالاشراف وتبين أهمية في سير العملية التعليمية وضمان التعلم الميسر للتلاميذ وذلك قبل التحاقهم بالخدمة في المدارس وأيضاً أثناء عملهم فيها، فربما يتم تدريب المديرين على العمليات الاشرافية بصورة دورية فقد تتكرر فترات تدريبهم سنوياً لمدة قد تصل الى أسبوعين وذلك من أجل الاعداد الجيد على العملية الاشرافية.

لقد أوضحت جميع الدراسات التي تتعلق بالعملية الاشرافية بعض الاكتشافات المتعارضة عن المهارات والمعارف العامة اللازمة للعملية الاشرافية على التدريس في مدارس ذوي الاحتياجات الخاصة، ويظهر أن المدرسين يدركون المعرفة الخاصة بالاعاقة على أنها شيء مهم من أجل المشرفين والقائمين على

العملية الاشرافية بينما يضع بعض المشرفين تأكيداً أقل على أهمية المعرفة الخاصة المتعلقة بـأمور التربية الخاصة والاشراف على التدريس فيه ذات أهمية كبيرة فقد أثبتت مفاهيم الأشخاص حـول الدور والمسئوليات الاشرافية على التربية الخاصة احتمال وجود تعـارض واضح في الـدور وغمـوض شديد فيما بين المديرين والمشرفين على التعليم في مدارس ذوي الاحتياجات الخاصة، فالكثيرون مـن المديرين والمشرفين في المدارس ذوي الاحتياجات الخاصة يشعرون بأنهم غير مؤهلين بصورة كاملـة من أجل العمل في مدارس التربية الخاصة وتحمل أدوارهم ومسئولياتهم فيها.

مجالات الاشراف التربوي في مدارس التربية الخاصة

1.   التلميذ:

إن الطفل المعوق – سمعياً أو بصرياً أو فكرياً- هو الطفل الذي يعاني نقص في قدرتـه علـى التعليم وذلك نتيجة قصور في قدراته الحسية أو الجسمية أو الاجتماعية والمهنيـة مـما يحول بينـه وبين الاستفادة من الخبرات التعليمية والمهنية مثل الطفل العادي لذا هو أشد حاجـة لنـوع خـاص من الرعاية والاهتمام.

ففي الولايات المتحدة الامريكية: هناك اهتمام كبير بتربية وتعليم المعـوقين حيـث حظيت هذه الفئة باهتمام كبير من المعاقين لذلك وضعت الضمانات اللازمـة للوصول بالطفل المعـوق الى مستوى النمو المثل له، بل أصبح تعليمهم أقرب على تعليم العادين.

كـما يهـتم القائمون بـالاشراف التربوي في الولايـات المتحـدة بتزويـد المعلمـين وتبصـيرهم بالوسائل التعويضية التي يستخدمها الأطفال الذين يعانون من مشكلات جسمية أو عقلية ويهتموا أيضاً بمعرفة حاجات الطلاب وذلك لخدمة أنفسهم وبيتهم واستخدام وسائل التقويم اللازمة لتقوم اهتماماتهم واستعداداتهم بغرض تحديد الفرص المتاحة لهم والقيم المرغوبة اجتماعيا.

أما في أوروبا: يلقي التلاميذ المعوقون بدنيا أو عقليا الرعاية الخاصة بما يتفق مع الطابع الانساني في رعاية هذه الفئة من التلاميذ حدد الدستور الألماني بما يكفل إتمام تربية كل المعوقين في مدارس تناسب الظروف الخاصة لهم ودرجة الاعاقة التي تعاني منها، بحيث لا يشعر هؤلاء المعاقين بأنهم غرباء في مجتمعهم.

مما سبق يتضح أن القائم بالاشراف التربوي في الدول المتقدمة يراعي الظروف الفردية بين التلاميذ عند تخطيطه لبرنامج الاشراف التربوي كما يراعي نوع الاعاقة التي يعاني منه التلاميذ.

2. المعلم

يعد اختيار المعلمين جيداً وتأهيلهم تأهيلاً مناسباً من العوامل الهامة التي تؤثر في عملية تربية وتعليم المعاقين نظراً لتعدد الأدوار التي ينبغي أن يقوم بها المعلم تجاه التلميذ المعوق، ومن بين تلك الأدوار ما يلي:

أ. يعد المعلم هو المصدر الأساسي لمعرفة الطفل المعوق وهو الذي يوفر له الظروف المناسبة لتنمية قدراته وتزويده بالمهارات الأساسية.

ب. يعد المعلم مصدر لتوجيه السلوك واكتساب القيم التي يرضي عنها المجتمع فيكون المعلم قدوة للطالب فيقلد سلوكه ويتأثر بأفكاره.

ج. الاحتكاك المباشر بين المعلم والطالب يزيد من الصلة بينهما وكذلك بين المعلم والأسرة ولهذه الصلة دور هام في توجيه التلاميذ وهذه الأدوار تبين دور المعلم الهام والذي يحتم عليه أن يكون على وعي تام بتلاميذه وإمكانياتهم وقدراتهم وظروفهم.

لذلك يقوم المعلم يالاشتراك مع المشرفين التربويين في الولايات المتحدة الأمريكية وإنجلترا باختيار طرق تدريسيه جديدة تتناسب مع استعدادات وقدرات تلاميذهم وتبصريهم بمصادر المعرفة التي تعينهم على أداء أعمالهم.

ففي روسيا وفرنسا: يشترك المشرف التربوي معناظر المدرسة لتحسين سلوك المعلم وتخطيط برامج إعدادهم وتدريبهم إثناء الخدمة وذلك للنمو المهني والعلمي للمعلمين.

أما في اليابان: المعلمين يعملون باعتبارهم الهيئة الساسية لصنع القرار في المدرسة وهـم يجتمعون مع المشرفين التربويين ليقرروا الأغراض التربوية المحددة للمدرسة مع فيعقد المعلمون مع مشرفيهم سيمنارات عامة للبحث كل ثلاثة أشهر يناقشون فيها نظريات التعليم وطرق لحل المشاكل التربوية ومما سبق يتضح أن القائمون بالإشراف في الدول المتقدمـة يكرسـوا جهـدهم مـن أجل تحسين مستوي المعلم.

1. المنهج الدراسي:

يعتبر المنهج هو أساس كل النشاطات التعليمية بالمدرسة وخارجها وأحد الوسائل الرئيسية في تحقيق الأهداف المرسومة ونظراً لأن الطفل المعاق يختلف عـن الطفل العـادي بمـا فقـده مـن حواس لذلك جعل من الصعب تطبيق نفس المناهج العادية التي يدرسها الأسوياء ومـن هنا يظهـر أهمية وضع مناهج خاصة بالتلاميذ المعاقين تتناسب مع قدراتهم وإمكانيـاتهم الخاصـة في إنجلـترا يراعي عند بناء المناهج الدراسية للمعقوين خصائص كل مرحلة تبعاً لنوع المرحلة التعليمية وعمـر التلاميذ الزمني لذا تعد المناهج بحيث تكون مناسبة للتلاميذ من حيث قـدراتهم ودرجـات الاعاقـة البدنية أو العقلية التي يعانون منها، كما تتسم هـذه المناهج بضوح الأهـداف المجـو تحقيقهـا في اليابان بالرغم من أن المناهج التي تدرس في مدارس المعاقين كمثال التي تدرس في المدارس العاديـة، إلا أن الموضوعات مصممة بحيث تلاءم الاعاقة التي يعاني منها التلميذ.

كما تقوم الحكومة اليابانية بتخصص برامج إذاعية لتعليم المعوقين وهـم في منازلهم وذلك مقابل أجر شهري يدفعه المستفيدون من هذه البرامج.

أما بالنسبة للموضوعات التي تتناولها هذه المناهج يتم تصميمها تحت إشراف المسئولين فمن هذه المدارس والمشرفين، مع الأخذ بـرأي المعلمـين الـذين يقومون بالتـدريس في هـذه المـواد حيث تهتم هذه المناهج بواقع التلميذ المعوق وحالته الراهنة وتساعده عـلى التكييـف مـع البيئـة الاجتماعية والنفسية والمادية المحيطة به.

ومما سبق يتضح أن الدول المتقدمة تهتم بالمناهج الدراسة مـن حيـث التخطيط والتنظيم والمتابعة كما تهتم بمعلم التربية الخاصة مـن حيـث إعـداده وكـذلك مشاركته في إعداد المنـاهج وتطويرها وقيامه بتنفيذها داخل الفصول.

2.   **طرق التدري:**

يقصد بطريقة التدريس، الأسلوب الذي يستخدمه المعلم لترجمة محتويـات المـنهج ترجمـة عملية لتحقيق أهداف التعليم تحقيقاً واقعياً في سلوك التلاميذ، ففي الدول المتقدمة التي قطعت شوطاً كبيراً في ميدان تربية المعوقين، تتوافر برامج دراسية ومناهج خاصة بالتلاميذ المعوقين، كما أن هذه البرامج قد تكون هي نفس البرامج التي يتعلمها الأطفال العاديين-الا أن الاختلاف في طرق التدريس التي يستخدمها المعلم وأساليب تنفيـذ الـبرامج تتفق مـع الطبيعـة هـؤلاء التلاميذ في الولايات المتحدة الأمريكية أكدت الرابطة القومية للصم national association of the deaf على ضرورة تعليم الطفال الصم بأسلوب التواصل الكلي total communication حيث يصبح للتلميذ فرصة لتطوير أي جزء تبقى لديه حواس ويشتمل هـذا الأسلوب معرفـة هـؤلاء التلاميـذ الصـورة الكاملة للانماط اللغوية، كالحركات التعبيرية، لغة الاشارة والكلام، قراءة الشفاه، هجاء الأصابع، القراءة والكتابة، أما التلاميذ المصابون بدرجة ضعيفة

من فقدان السمع فيستخدم معه أسلوب التواصل الملفوظ oral communication والذي يقوم على تدريب الجزء المتبقي من السمع من خلال التدريب السمعي.

أما التلاميذ المعوقون فكرياً فيتم تعليمهم بطريقة تتناسب مع قدراتهم العقلية حيث يتم تعليمهم القراءة بتهيئة التلاميذ عن طريق تدريب الحواس السمعية والبصرية مع إتاحة فرصة تنمية اللغة نع استمرار التكرار والتدريب المستمر.

نظراً لأن الاشراف التربوي هو فعل وتجريب يهدف الى تحسين التدريس عن طريق اختيار الطرق المناسبة فالقائم بالاشراف حسب الاتجاهات العصرية السائرة في الدول المتقدمة يقوم بالتعرف على مدى مفاءة المعلمين للقيام بالتدريس وإدراكهم لأغراضه وممارستهم للاساليب السليمة في أدائه، مع المراعاة الفروق الفردية للتلاميذ وتطبيع التعليم لحاجاتهم واستعداداتهم.

5. الوسائل التعليمية وتكنولوجيا التعليم:

قد شهد مجال التربية الخاصة تقدماً كبيراً في مجال الوسائل التعليمية الضرورية لتجاح المعلم في أداء عمله وللتلميذ في فهم دروسه، وتم إدخال تكنولوجيا التعليم كمحور التي تعتمد عليها عملية تربية التلاميذ المعوقين إن التقدم الذي حدث في مجال الوسائل التعليمية وتكنولوجيا التعليم قد فرض على المعلم التربية الخاصة دوراً هاماً مما أوجب ضرورة أن يكون متمكناً من المهارات اللازمة له لكي يكون قادراً على التغلب على الصعاب التي تواجه التلاميذ المعوقين وقد توصل العلماء في الدول المتقدمة كالولايات المتحدة المريكية الى العديد من الوسائل الحديثة التي تستخدم في تعليم المكفوفين وذلك بتطوير العاكس البصري المحسوس الذي يمكن هؤلاء التلاميذ من قراءة النص المكتوب بالحبر بأطراف الأصابع من خلال شاشات الكمبيوتر، أما بالنسبة لضعاف البصر فقد تم تطوير الوسائل

المبتكرة لتعليمهم عن طريق استخدام تكنولوجيا الفيديو في التكبير الهائل للصور وتزويده بعروض توضيح الألوان ومعكوساتها.

أما التلاميذ الصم وضعف السمع فيتم تعليمهم باستخدام الوسائل التعليمية التي تعتمد على استغلال حاسة البصر كالمعينات البصرية والخرائط والمجسمات والأشكال التوضيحية واللوحات الوبرية.

أما التلاميذ المعوقين عقلياً فإن الوسائل التعليمية تعمل على تدريب الحواس لديهم وإكسابهم المهارات الحسية من خلال تميز الأصوات والألأوان والأشكال والروائح ولذلك بالمشرفين التربويين بالاشتراك مع المعلمين يختاروا الوسائل التعليمية المناسبة واستخدام الأجهزة الحديثة في التدريس لتعليم كل تلميذ معوق حسب نوع الاعاقة وحاولة توفيرها بالمدرسة كما يتم تبصرهم وتدريب المعلمين بكيفية استخدام هذه الوسائل التعليمية والتكنولوجية وطريقة عرضها في الوقت المناسب.

6. الأنشطة المدرسية:

في ضوء النظرية الحديثة للتربية أصبح ينظر الى النشاط المدرسي على أنه مجال تربوي لا يقل أهمية عن الموقف التدريس في الفصل إذ يعبر فيه التلاميذ عن ميولهم ويشبعون حاجتهم وتظهر أهمية الأنشطة المدرسية بوضوح في الدول المتقدمة والتي اهتمت بهذه الأنشطة المدرسية بوضوح في الدول المتقدمة والتي اهتمت بهذه الانشطة وتنوعها وطرق مزاولتها بمدارس المعوقين بمختلف فئاتهم، حيث يتم اختيار الأنشطة بطريقة تربوية تحقق لهؤلاء التلاميذ المشاركة الايجابية وإعطائهم الثقة بالنفس وإثبات ذواتهم وذلك مثل العزف على الآلات الموسيقية والغناء وغير ذلك من النشطة الموسيقية أو الرياضية وغيرها.

يمارس قي بريطانيا التلاميذ المعوقين فكريا العديد من الأنشطة المدرسية التي تلعب دوراً فعالا في نموهم الطبيعي وذلك عن طريق الأنشطة البدنية

والاجتماعية والعملية حيث يتم إتاحة الفرصة لهؤلاء التلاميذ لممارسة فنون اللعب والتمثيل المسرحي والنشاط الموسيقي الذي يجد فيه التلاميذ نوعا من المتعة والسرور، كما يقوم المعلم مع التلاميذ المنعزلين الذين ينسحبوا من الجماعة بتشجيعهم وأتاحة الفرصة لهم للاشتراك في هذه الأنشطة حتى يشعروا بالنجاح وتشجيعهم على أقامة علاقات اجتماعية ومساعدتهم في التكيف مع المجتمع.

يقوم المشرف التربوي بدور أساسي في متابعة هذه الأنشطة المدرسية بالدول المتقدمة وذلك حيث التخطيط السليم لها ومدى ملاءمتها للمادة المدرسية من جهة وتوافقها مع درجة الاعاقة من جهة أخرى كما تقوم أداره المدرسة على الاهتمام بها والعمل على التطبيق الفعلي لهذه النشطة داخل الفصول وخارجا حتى تحقيق هذه الأنشطة المدرسية بمدارس المعوقين الأهداف المرجوة فيها.

7. البيئة المحلية:

تعد المدرسة الحديثة مؤسسة هامة لا يمكن لها أن تنعزل عن البيئة المحيطة ونظراً لأن التلميذ يتم تشكيل سلوكه من خلال التفاعل الذي يتم بينه وبين البيئة المدرسية من جهة وبينها وبين البيئة المحلية من جهة أخرى وخصوصا وأن الطفل المعاق يواجه العديد من المشكلات المتعلقة بظروف أعاقته لذا فإن تجمع البايانات عن البيئة المادية والاجتماعية والتعليمية بشكل مستمر يساعد كثيراً في معرفة أنواع المشكلات التي يواجهها هذا التلميذ وبالتالي يمكن عن طريق التعاون بين المعلم والأخصائي والمشرف يمكن مساعدة التلميذ في حل مشاكله.

ونظراً لأهمية التفاعل بين المدرسة والبيئة، تدعو الاتجاهات العاليمة المعاصرة الى مساعدة المؤسسات التربوية في حل مشكلات المجتمع وتطويره والرقي بمستواه وذلك عن طريق وضع إمكانات المدرسة المادية والبشرية في خدمة المجتمع والبيئة وهذا في حد ذاته من المهام الرئيسية للاشراف التربوي في الدول

المتقدمة، حيث يقوم المشرف التربوي بدور أساسي في تحقيق التنسيق وتنظيم عمليات الخدمة بين المدرسة والبيئة المحلية بإلمامه بظروف المدرسة وإمكاناتها وظروف المجتمع ومتطلباته، كما أنه يمثل حلقة الوصل بين المدرسة والبيئة المحلية، كما أتيح له من خبرات سابقة تجعله يعلم بإمكانات البيئة ومؤسساتها ومدى مساهمة هذه المؤسسات في خدمة المجتمع.

هناك العديد من الأدوار القيادية التي يمكن أن يستخدمها المشرف التربوي لزيادة المشاركة بين المدرسة وأفراد البيئة المحلية ومنها، استخدام المجتمع كمعمل تعليمي، وبرامج أولياء الأمور التطوعية، واجتماعات المجالس المحلية لمناقشة القضيا التعليمية وزيارات أولياء الأمور ومشاركتهم في المؤتمرات لذلك لا بد من وضع خطة لكيفية التعاون بين المدرسة والتلاميذ والبيئة المحلية.

الفصل الرابع

نماذج وخبرات عربية وغربية

في الاشراف التربوي

الفصل الرابع

مقدمة

في هذا الفصل الرابع مجموعة من الخبرات الغربية في مجال الاشراف التربوي لتوضيح أهم الأسس والهيكل التنظيمي للاشراف التربوي وواجبات ومسئوليات القائمين على عملية الاشراف التربوي والمعايير التدريبية الاختبارية للاستفادة منها من خبرات متطور في مجال الاشراف التربوي في تلك البلدان.

الاشراف التربوي في الولايات المتحدة الامريكية:

تنطلق فيلسة التربية في الولايات المتحدة الامريكية من الفلسفة الرأسمالية والبرجماتية، وهي المعبر الحقيقي عن العقلية الأمريكية، والتربية الأمريكية التي تقوم على الحرية الاقتصادية والسياسية، وإقامة الحياة على أساس من الصراع، والتنافس، وتأكيد الحرية، وتتأثر هذه الفلسفة بالخلفية الاجتماعية والثقافية لهذا المجتمع، مما يؤثر بدوره في النظام التعليمي الذي يتصف بالمرونة الزائدة في الاشراف على التعليم ومتابعته، وإعطاء الحرية للمعلمين والمتعلمين، والمدارس الخاصة والطائفية، والتنوع حسب ظروف البيئة، مع الاهتمام بالعلوم والتكنولوجيا.

وينظر الى التعليم في المجتمع الأمريكي على أنه من مقومات الديمقراطية التي ينمو النظام التعليمي، ويعد الهدف الأساسي من التعليم في أمريكا تحقيق تكافؤ الفرص التعليمية للجميع، الى أقصى ما تسمح به إمكاناتهم وقدراتهم، دون النظر لحالتهم الاجتماعية أو الاقتصادية، أو أصولهم أو عقائدهم أو لونهم، أو جنسهم، ولتحقيق هذه الفلسفة تنظم شئون التعليم بالطريقة التي تحقق تكافؤ الفرص، بدون تدخل الحكومة بفرض المناهج، وتخطيطها وتنظيمها،

وهو من أختصاص السلطات المحلية، حيث تكيفه وفق حاجات مجتمعاتها وطلابها.

وقد كان من نتيجة عدم التدخل، وعدم إشراف سلطة مركزية على التعليم، أن تميز التعليم الأمريكي بالتنوع والمرونة، وأصبحت نظمه لا تجرى على وتيرة واحدة، ولا تتشابه في مستواها ونوعها في آية جهة من الجهات، ويؤكد غالبية الأمريكيين أن الولايات والهيئات المختلفة تستطيع بمواردها تحقيق مبدأ تكافؤ الفرص التعليمية، ورفع مستوى التعليم.

ولقد ارتبطت النشأة الأولى للتعليم الأمريكي بالتراث الأوروبي الذي حمله المهاجرون الوائل الذين استوطنوا الدنيا الجديدة، وقد حمل أولئك الرواد من المستوطنين أراء مختلفة من بلادهم، ونقلوا معهم كثيرا من الجوانب التعليمية في النظم الأوروبية، ولا سيما نظام التعليم الانجليزي.

باعتبار أن النظام التعليمي يضم بين جانبيه هذا العدد العظيم من الطلبة المتعددي الاجناس والخلفيات الثقافية والاجتماعية، فأنه يعكس صورة حقيقية المجتمع الجديد، واضعا قواعده ومحددا للهوية الأمريكية.

ومن هنا فإن النظام التعليمي الأمريكي يعكس خطوطا عريضة و إطارا واسعا جدا وتقوم السلطات التعليمية في كل مدينة وقرية من كل ولاية بتطبيق النظام التعليمي، بما يتفق مع احتياجاتها وظروفها ولتحقيق مبدأ تكافؤ الفرص التعليمية بين الطلاب، ونظرا لوجود الامكانات المادية تقوم السلطات التعليمية في الولايات بتمويل برامجها التعليمية على الوجه المطلوب وتقوم الحكومة بتقديم الاعانات والمساعدات للولايات حسب نسب مقررة وتنظيم التعليم وإدارته في الولايات المتحدة الأمريكية يختلف هو الأخر من ولاية لأخرى، وذلك حسب حجم كل ولاية، واحتياجاتها.

1. تنظيم التعليم وإدارته في أمريكا:

تقوم الادارات النحلية بـدور واضـح في إدارة التعليم هـذا بالاضـافة الى مـا تتحملـه الادارة الفيدرالية من مسؤوليات تتعلق بـدعم بـرامج الغـذاء المـدرسي، وضـمان قـروض طـلاب الكليـات، وبرامج تبادل الطلاب الأجانب، وتعليم الفئات الخاصة من الطلاب، ودعم بعض المحليـات الفقيـرة التي قد يكون لها حاجات خاصة، والسلطات المحلية تتحمل مسئولية لا بـأس بهـا في إدارة التعليم بكل ولاية، ومما يؤدى الى وجود اختلافات واضحة بين الولايات المختلفـة في نظامهـا التعليمـي مـن حيث الممارسات داخل المؤسسات عـلى وجـه الخصـوص عـلى الـرغم مـن التنـوع والاخـتلاف بـين الولايات، فإنه يأتي في إطار الوحدة التي تفرضها العوامل الاجتماعية والاقتصادية في الولايات، مثل: الحاجة الى إعداد الطلاب للالتحاق بالتعليم العالي، أو تهيئتهم للعمل، أو منحهم شهادات تعليمية، مما يؤدى تقارب في المستوى على الرغم من التنوع والاختلاف بين الولايات، هذا يوضـح أن المرونـة والتنوع من سمات التعليم في الولايات المتحدة الأمريكية.

والسلطة المحلية هي التي تدير المدارس، وحكومة الولايـة مسئولة شرعـا عـن وضـع نظـام تعليمي، والحكومة الفيدرالية هي التي تدعم التغير الذي يشجع اتساع التعليم وتحسينه في الـنظم التعليمية، كما أنها تشعر بحاجات المجتمع من خلال وكالاتها مثل مكتب الولايات المتحدة للتربيـة، ومكتب الفرص الاقتصادية التي تقدم ما يطلـق عليـه بالمـال المحـرك لحكومـات الولايـات، لتطـوير برامج تعليمية جديدة لأداء أفضل، وحتى يـتم فهـم طريقـة تنظيم التعليم وإدارتـه في الولايـات المتحدة فهما جيداً ينبغي تحليل طبيعة عمل كل من هذه الجهات الثلاث على حدة.

1. الحكومة الفيدرالية:

تعد الحكومة الفيدرالية بحكم الدستور غير مسئولة مباشرة عن التعليم، الـذي يعد مـن مسئولية الولايات، ولكن الحكومة الفيدرالية بموجب الدستور ضمان المصلحة القوميـة والرفاهيـة العامة، ولذلك تقوم وكالات التربية الفيدرالية بعملية تنسيق التعليم، والعمـل عـلى ضـمان حقـوق الاقليات العرقية والادارة الفيدرالية للتعليم التي يرأسها وزير تعد مسئولة عـن تنفيـذ سياسـة الحكومة في معظم الأمور التعليمية، وبصورة تؤدى الى توحيد المسئوليات المتعلقـة بـالتعليم والتي كانت موزعة على مكاتب فيدرالية متعددة.

ومن المهام التي تقوم بها الحكومة الفيدرالية لخدمة التعليم ما يلي:

- جمع الاحصاءات والبيانات اللازمة عن النواحي التعليمية المختلفة.

- تشجيع التعليم.

- نشر المعلومات عن المدارس والبحوث التربوية.

- إدارة برامج تعليمية لفئات خاصة من المواطنين.

- تمويل البحوث التربوية.

- متابعـة مسـتويات التحصيل عـلي عـلى المسـتوى القـومي في المجـالات والمسـتويات المختلفة.

- تقوم الحكومة الفيدرالية أيضا يتحمل المسئولية الكاملة في تعليم المريكيين.

وبالرغم من هذه المهام التي تمارسها السلطات الفيدرالية في النهـوض بـالتعليم والاسـهام في تمويله، فإن تنظيم التعليم وإدارته في جميع الولايات يكون في اختصـاص حكومـاتها، التـي تقـوم بوضع قوانين التعليم وسياساته، ومن ثم تعطى للسلطات المحلية الحرية في إدارة أمور التعليم.

ب. حكومة الولاية:

التعليم مسئولية الولايات، ولكل ولاية حاكم ينتخب من جانب الشعب، وله سلطات مهمة على التعليم، فهو يتمتع بسلطات على ميزانية الولاية التي ينفق منها على التعليم، وله تأثير على التشريعات التي تصدرها الولاية، وبعض حكام الولايات يشاركون أعضاء مجلس التعليم بالولاية، إلى جانب سلطات الرسمية فإنه يمارس سلطانا غير رسمي من خلال مركزه ومنصبة القيادي، ولما كانت كل ولاية من الولايات مسئولية عن نظامها التعليمي فأن سياساتها وممارساتها تختلف عن بعضها بعضا، وبصفة عامة تتحمل حكومة الولاية ومجلس إدارة التعليم فيها المسئولية الرئيسية عن التعليم في الولاية ويقوم المجلس التشريعي في الولاية بسن القوانين المتعلقة بالتعليم للمدارس العامة وغير العامة في الولاية، ومجلس التعليم في الولاية يتألف من أعضاء منتخبين أو معينين، ويقوم برسم السياسات التعليمية وتحديد ميزانية التعليم وتعد إدارة التعليم بالولاية مسئولية عن تقديم التعليم في كل مراحل وإعداد المناهج، وتحديد متطلبات التخرج والترخيص للمعلمين بالعمل وتحديد ظروف عملهم، وتمويل المدارس ويرأس هذه الادارة رئيس يسمى مفوضا أو مراقب التعليم ويعين في أغلب الأحوال بواسطة مجلس التعليم أو الحاكم، كما ينتخب في بعض الولايات.

وتختلف قدرة كل ولاية في تمويل برامجها التعليمية، كما تختلف الخدمة التعليمية من ولاية الى أخرى، فولاية مثل فلوريدا تسهم بنصف التمويل الذي تحتاجه المناطق التعليمية أما النصف الآخر من التمويل فتوفره السلطة المحلية من مصادرها، وتقوم الادارة التعليمية في الولايات المتحدة بتحديد معايير معتمدة للقيادة والمعلمين والمنهج والموظفين، والادارة المالية، والخدمات، وقبول الطلاب في الجامعات، وتقوم بمراجعة البرامج واعتماد سيرها من خلال الزيارات الميدانية، ومتابعة معدلات التحصيل في اختبارات تعتمد على مستوى الولاية.

جـ الادارة المحلية للتعليم:

تقوم المناطق أو الأقسام المحلية سواء كانت مدنا كبيرة أو صغيرة أو مناطق ريفية أو مقاطعات بالمسئولية الرئيسة في إدارة التعليم على مستوى المحلي وتعد المنطقة المحلية ممثلة للولاية في إدارة التعليم على هذا المستوى، وتتولى المنطقة المحلية إنشاء المدارس وتجهيزها بالمعدات اللازمة، وتعيين المعلمين وتنظيم قبول التلاميذ، وتوفير الرعاية الصحية والتغذية، ووسائل الانتقال، ووضع التنظيمات الخاصة بالدراسة والمناهج الدراسية، كما تقوم بجمع الأموال الضرورية للأنفاق على التعليم، لكل منطقة مجلس للتعليم يتولى توجيه العمل في المدارس والاشراف عليها ويتكون من أعضاء منتخبين وسلطاتهم واسعة، فهم الذين يعينون المدير العام المحلي للتعليم، ويحددون مدة خدمته كما يعينون مساعديه الاداريين ويعينون المدرسين وسائر موظفي التعليم، كما يقررون المناهج الدراسية، والكتب الدراسية، ويفرضون الضرائب التعليمية، ويشرفون على جمعها، كما يشرفون على انفاق الميزانية المحلية.

ولما كان النظام التعليمي في الولايات المتحدة بهذا التنوع والاختلاف، ونظرا لاتساع حجم الولايات المتحدة، ولتنوع طبيعتها المناخية، والسكانية، والاجتماعية، ولما كانت كل ولاية من الولايات هي عبارة عن نظام تعليمي قائم بذاته، ويختلف تنظيمه وإدارته عن النظم التعليمية الأخرى.

2. تطور الاشراف التربوي بأمريكا:

كان الاشراف في المدارس الأمريكية حتى أواخر القرن التاسع عشر يسمى الاشراف المدرسي (school supervision) الذي يختلف عن الاشراف التعليمي (Instructional supervision) كما كان التحكم الاشرافي خلال هذا الوقت يتم استثماره في الموظفين المحليين أو الدينين واللجان الخاصة لدى العامة، وكان هؤلاء الأفراد الذين بعملون مشرفين (supervisors) يزورون المدارس بهدف ضبط

القواعد، وكانوا يصدرون الأحكام على المعلمين أكثر من التدريس أو تعلم الطلاب، وكان هؤلاء المشرفون أكثر اهتماما بإدارة المدرسية والايفاء بمتطلبات المنهج المفروض وليس تحسين التعليم، وكانت مسئولية قائدي المجتمع المحلى خلال تلك الفترة هي تشجيع الآباء أو اجبارهم على أن يكونوا مسئولين عن تعليم أبنائهم، كما لم يتم ممارسة مفهوم مساعدة المعلم، فالعلاج الأساسي لأية مدرسة أو فصل لا ينفذ القواعد هو استيدال مجموعة التدريس.

وكانت النظرية الاشرافية السائدة في تلك الفترة هي التفتيش الاداري والفترة الثانية للاشراف أطلق عليها فتره فاعلية التوجيه حيث تحولت وظيفة الاشراف من إعداد أفراد عاديين الى أفراد مهنيين، وكان يتم التأكد على الاشراف التعليمي وتحسين التعليم في أثناء تلك الفترة، والممارسات التي كانت توظف في أثناء تلك الفترة تتكون من زيارة الفصول، وملاحظتها، وتركيز الانتباه على ضعف المعلم، كما كان الاشراف التعليمي داخل الفصل مسئولية المديرين وعدد خاص من المشرفين، كان المدير يهتم في المقام الأول بإدارة العمل.

كما أن نظرية الاشراف أو المفهوم الذي وجه تلك الممارسات كأن مستمراً على أنه مراقبة، وتعد هذه الفترة التي أصبح فيها المشرف صاحب فكرة الاشراف ومفهوم القيادة من أجل التحسين المرغوب في خلق توسيع وامتداد النظم المدرسية وقد ظهر دور المشرف المساعدة للتدريس خلال تلك الفترة وكأن المشرفون العموميون والخصوصيون هم المسئولون عن هذا الشخص، وفي أنظمة المدارس الأصغر كأن يسمى هذا الشخص بمنسق المنهج، كما أن الممارسات في أثناء تلك الفترة كانت عبارة عن أعمال تعاونية مثل تطوير المنهج، وبرامج التدريب في أثناء الخدمة، التي تم تصميمها من أجل تحسين التعليم، كما أن القيادة التعليمية التعاونية والاشرافية على العلاقات الانسانية كانت بدايتها في تلك الفترة.

كما ركز الاشراف على تحليل عملية التدريس ومفهوم الاشراف التحليلي، وأصبح المشرفون مهرة في استخدام الوسائل التعليمية، وتقييم العلاقة بين المدرسين والمتعلمين، واستخدام أساليب مثل بحث الأداء لاكتشاف إمكانيات جديدة للتعليم، وفي أواخر السبعينات أصبحت الضغوط الاقتصادية والسياسية على أنظمة المدارس كبيرة، حتى أن الاداريين عادوا الى الاتجاه الصناعي الذي كان موجود في الربع الأول من القرن العشرين، وحيث شعر المشرفون بنقص الاهتمام بالبحث والجهود في تطوير إرشاد الفصل، وبدءوا أيضا بالتحريك نحو دور إداري، ويمكن إدراك تلك الخطوة على أنها محاولة لجعل الاشراف امتداد للادارة.

1. الهيكل التنظيمي للاشراف التربوي الأمريكي:

إن مصطلح مشرف يمكن تحديده كمصطلح عام وليس كلقب أو منصب محدد، كما أن الألقاب الكثيرة للمشرفين المتداولة لأي من الأسباب الموقفة أو الشخصية يجب تفسيرها على أساس الأوصاف الوظيفة للعمل، وبالتالي يمكن للعاملين بالإشراف أن يعرفوا على أنهم كل الأفراد المهنيين المشتركين بفعالية في قيادة الاشراف التعليمي، بالتالي يمكن تعريف المشرف على أنه شخص مهني تكون مسئولياته الأساسية واقعة في مجال وظيفة الاشراف.

وبهذا التعريفات فإن العاملين بالاشراف يشملون المراقبين، والمديرين، والمديرين المساعدين، ورؤساء الأقسام، والمشرفين، والمستشارين، وباقي العاملين في مجالات الادراة والخدمات الخاصة والمسئولين عن قيادة الجهود الاشرافية، هؤلاء المشرفون بغض النظر عن ألقابهم أو مناصبهم في الهرم الوظيفي غالبا ما يكونون مسئولين عن واحدة أو أكثر من مهام الاشراف.

تكوين الهيكل التنظيمي للاشراف التربوي بأمريكا:

المراقب: فالمراقب هو المسئول التنفيذي في النظام المدرسي الأوسع كما أنه يتحمل مسئولية مطلقة من أجل إنجاح كافة أوجه العملية المدرسية في المقاطعة، والعمل المدرسي يتضمن أن هيئة المدرسة يمكن أن تتفاوض في كل شئونها ما عدا بعض الشئون الخاصة بسئوليات المراقب أن يتصرف كممثل للادارة في أية قرارت تتخذ أو في أية قواعد يتم وضعها ويعد شيئا أساسيا أن جميع القرارات لا بد ألا تخالف حدود العمل المدرسي، أو الاتفاق المشترك بين هيئة الادارة والمعلم، فالسياسات المتجانسة بين المعلمين والتشاور المكثف مع هؤلاء الذين تأثروا بالقرارات هي من الأولويات الضرورية بالنسبة لأي إداري ناجح، وتعد أيضا من أهم العوامل المساعدة على تحقيق السيطرة

المشرفون: هي ألقاب تطلق على الأشخاص الذين يعملون في المستويات المختلفة في التسلسل الهرمي في النظام المدرسي المتغير بصورة متكررة، لدرجة أنه يصعب تعريف سلطة أي منهم، وأنه من المعقول افتراض أن المشرفين سوف يتم تعيينهم من خلال مجلس المدرسة، ومن ثم إعطاؤهم السلطة لممارسة واجباتهم، وكل مشرف قد يختص بمنطقة معينة، أو قد يكون مسئولا عن مناطق متعددة، والدور الأساسي للمشرفين هو عملية تحسين للعملية التعليمية في كافة المجالات، فالمراقب وهيئة الادارة يمكن أن يفوضوا لهم مسئولية في تقرير مدى مفاءة أداء المدرس، فإذا كان الأمر كذلك فمن الواضح أنهم لديهم سلطة في إعطاء أحكام في هذه الأمور، ولكن القرار النهائي يكون في يد الهيئة الممثلة في المراقب.

المستشار: من الاسم نستنتج أن المعلمين الذين يحملون مثل هـذا اللقب يكون بإمكانهم التشاور مـع المعلمين في الفصل الـدراسي، فـيما يتعلـق بتنفيذهم لواجبـاتهم التدريسية، كـما يتضح أنه لا بـد مـن إتاحـة الفرصة للمستشارين لمسـاعدة المعلمين الذين هم في حاجة الى المساعدة، أو الذين تم تعريفهم علـى أنهـم في حاجة الى مساعدة من أجل تحسين مهاراتهم التدريسية.

المدير: والمدير هو المسئول التنفيذي التعليمي للادارة بـداخل المدرسة، كما أنه يمتلك سلطة اتخاذ القرارات ونشر القوانين والتنظيمات التي تتماشى مع التشريـع، ومع سياسـة هيئة الادارة المدرسية، ومع السلطة المخولة مـن جانب إدارة المدرسة، ووظـائف المدير تقييم المعلمين، وللمعلمين الحـق في كتابة تعليقـاتهم علـى هـذا التقيـيم، بواسطة أي شخص من قبل هيئـة الادارة، لتقييم مـدى كفـاءتهم، وكأي إداري لا يتوقف نجاح المدير على الافراط في استخدام السـلطة، ولكـن مـن خـلال الطريقـة التي يستخدم بها هـذه السلطة وعـلى مـدى التشـاور القبلي، الـذي يجريه مـع الأشخاص الذين يتأثرون بهذه السلطة.

رؤساء الأقسام: يعد رئيس القسم بشكل عام هو المنسق بـين المعلمـين الـذين يشـتركون في العمل في مادة دراسية معينة، والمعلمون بالطبع تقع على عاتق مسئولية التعاون مع رئيس القسم، فرئيس القسم مسئول عـن المسـئوليات التنظيميـة في القسم بالاضافة الى مساعدة المعلمـين المهتمـين بتحسـين فاعليتهم التدريسية والحفاظ عليها، ورئيس القسم يعد نوعا من أنواع المستشارين داخـل المدرسة، يرجـع إليه المعلمون في القسم من أجل المساعدة والمشورة في وقـت الحاجة، وسلطة رئيس القسم تكون من خلال مجلس المدرسة الممثل في المراقب والمدير.

وتختلف مسئوليات أعضاء الهيئة الاشرافية حسب دور كل منهم في العملية الاشرافية، وحسب مواقعهم في الهياكل التنظيمية.

1. واجبات مراقب التعليم ومسئولياته:

تعد مجموعة المراقبين داخل النظام التعليمي في أمريكا ذات دور محوري في رسم السياسة التعليمية داخل المدارس الحكومية، فدورهم يتمثل في أنهم يقومون بعملية التغيير داخل البناء التعليمي، والأكثر من ذلك فالمراقبون لهم دورا في ترشيد الميزانيات وحجم الانفاق أكثر من أية مجموعة رسمية أخري.

فالمراقبون يعدون بصورة غير مباشرة هم المسئولين أما الجمهور، حيث يتم تعيينهم في مناصب ذات سلطة داخل الهيئات التعليمية المحلية، وعلى الرغم من ذلك فإن سلوكهم الاداري الى حد ما محكوم بواسطة الملامح التي تميز أعضاء هيئة المدرسة، وبالقوى الاجتماعية التي تميز المجتمع المحلي، فموقعهم داخل النظام المدرسي يعطيهم قوة تأثير كبيره في تحديد الأمور التي تطرح للمناقشة أمام الهيئات المختلفة والتي لها دور في عملية صنع القرار.

ومن أهم مسئوليات مراقب التعليم ما يلي:

- يعد المراقب هو المسئولية مباشرة أمام الهيئة عن تنفيذ المدارس للقوانين والنظم.
- يشارك في كافة الصور التشريعية التي تقوم بها الهيئة والخدمات ذات الشأن، ما عدا التصويب والانتخاب.
- يقوم باخطار الهيئة التعليمية بالتقدم الحادث في مستوى المدارس والطلبة، ونتائج السياسات، والاجراءات، وقرارات الهيئة وظروف المدارس، واحتياجاتها. ومستوى رفاهية الطلاب والموظفين، والعلاقات التي تربط بين المدارس وباقي المصالح التابعة للحكومة.

- يقوم بتوصية الهيئة التعليمية بالموافقة على العديد من القرارات التعليمية، لكي تتبع، والكتب المدرسية لكي تستخدم، والأشخاص الذين سيتم تعيينهم، وتخطيط الميزانية ومعدل الضرائب للعام التالي.
- يمكن أن يكون له دور في عمل إحصاء سنوي داخل المدارس، ومعدلات الحضور داخل المدارس، كما أنه يمكن أن يكون هو الحارس على الملكيات المدرسية. ومراقبة الاجراءات المتخذة، والتأكيد من تماشيها مع القوانين الولاية ومع السياسات التي تتبناها الهيئة التعليمية.
- في حالات الخطر والكوارث والتي من الممكن أن يكون لها تأثير على موظفي المدرسة أو الملكيات، فيكون مطلوبا منه التعامل مع هذه المواقف، وذلك عن طريق التغاضي عن بعض القوانين الضرورية، كما أنه يقوم باخطار الهيئة التعليمية بهذه الطوارئ بأسرع ما يمكن.
- يعمل على تدعيم الفهم العام لدور النظام المدرسي بالنسبة لكل من الناس الذين يؤيدون ذلك، وأيضاً لموظفي المدرسة ممن لهم اهتمامات عامة ومرتبطة بالمدارس.
- يشارك الادارة التعليمية بالولاية، في تنمية السياسات والنشاطات من أجل تنمية التعليم.

ب. واجبات المشرفين ومسئولياتهم:

في كل ولاية من ولايات أمريكا لها موجهوها الذين يزورون المدارس ويدونون ملاحظاتهم لتحسين العملية التعليمية، وتتم زيارة المشرف للمدرسة بناء على تعليمات من الادارة التعليمية المحلية، وبما أن دور المشرف هو التوجيه فقط فإن زيارته للمدرسة لا تسبب القلق، حيث أنها تتم بناء على طلب المدرس، فهناك توافق وانسجام بين المدرسة والمشرفين.

كما يتنوع المشرفين تبعا لأدوارهم فيوجد، مشرفين الخدمات الخاصة، ومشرفين المواد، ومشرفين تعليم الكبار أو التعليم المهني، ويمكن تحديد واجبات المشرفين فيما يلي:

— أداء الواجبات الادارية الروتينية.

— المشاركة في خدمة التعليم مثل البرامج والورش.

— ترتيب ما يخدم كلا من ورش العمل والبرامج وتخطيطها.

— جمع مواد المنهج وتوزيعها.

— المشاركة في العلاقات العامة ووضع السياسة.

— مساعدة المدرسين في اختيار المواد وشرحها.

— تنسيق البرامج الارشادية.

— المساعدة في تقييم برامج المدرسية.

— تطوير المناهج وتنسيق جهود التطوير.

— عقد المؤتمرات مع المدرسين.

— اقتراح الكتب المهنية على المدرسين.

— تشيع المدرسين على التجريب وتقييمهم.

— فحص جداول المدرسين.

— نقد أعمال الفصول.

— مساعدة المدرسين لمعرفة الفروق الفردية بين الطلاب.

جـ واجبات المستشارين ومسئولياتهم:

الاستشارة هي علاقة مساعدة يقدمها من ليهم قدر من المهارات لمساعدة المديرين وغيرهم في المؤسسات التعليمية، لكي يفهموا بشكل أكثر وضوحاً عملهم، وكيف يمكن أن يصبح أكثر فاعلية.

وهناك ثلاثة أدوار يقوم بها وهي:

- المساعدة الاستشارية وهي الامداد بالمساعدة التقنية لمنطقة ما، فيما يتعلق بمشكلة محددة.
- الاستشارة المتعلقة بموضوع محدد، محاولة إحداث تغيير في الاتجاهات، والفهم، ومهارات العضاء في منظمة ما، فيما يتعلق باهتمام محدد، أكثر مما يتعلق بتطوير المنظمة ككل.
- استشارة تتعلق بالعملية، تؤدي الى تنظيم ذي تغير مهم بالتركيز على الخصائص التنظيمية، مثل الاتصال، وصناعة القرار، والضغط الذي يتعرض له أعضاء المنظمة.

والاستشارة تختلف أيضاً عن النصيحة في أنها أمر يساعد المنظمات أكثر، لكي تشق طريقها للأمام بمساعدة الاستشاري، ويحتاج الاستشاري لأن يكون أكثر حيادية من الموجه، الذي لديه صورة يشعر بها بشكل طبيعي ومناسب عما ينبغي أن تصل اليه المدارس، وعلى الجانب الآخر يهتم المستشار بشكل أكبر بما تريد هذه المدارس أن تصل اليه.

المشرف بهذا المعنى يلعب دوراً استشارياً ومساعداً، لإيجاد مدخل توجيهي لسير العمل، والمشرفون يعملون بشكل أكثر تقنية من مستشاري المعالجة، لأن لدى المشرفين معرفة تقنية خاصة بجوانب المناهج التي ترغب المدارس والجامعات في استعمالها، وربما يطلب منهم أحيانا القيام بدور مستشاري المعالجة، فالمهمة هنا هي مساعدة الاخرين كي يفكرون من خلال المشكلات.

د. واجبات مدير المدرسة ومسئولياته:

المدير كشخص قائم على الاشراف التربوي معترف به على نطاق واسع حسب تقرير قسم مديري المدارس الابتدائية في العقود الماضية، وما زالت مثالية المدير كقائد تعليمي تلقى مزيدا من الانتباه في أكثر الأعمال ولزيادة عدد

المديرين وأن لم يكن هناك سبب لذلك، فمن المقبول أن نتوقع منهم إسهاما كبيراً في وظيفة الاشراف.

ففي المدارس الكبيرة فإن المدير في الأصل هو موظف إداري، وفي المدارس الأصغر نجد أحيانا المـديرين – المعلمين وهم الموظفون الاداريـون فبالإضافة الى مهـامهم الاداريـة فـأنهم يقومـون بالتدريس في جزء من كل يوم مدرسي، وتوجد بعض الدواعي تجعلنا نعتقد أن المـدير المعلـم أكـثر دراية بهذه الأدوار للعملية التربوية داخل مدرسته التي تحتاج الى الاشراف.

فمن الصعب وضع خط بين المهام الادارية والمهام الاشرافية لمـديري المـدارس، وعمومـا فـإن دائرة الاشراف يعتقد أنها المهام المرتبطـة بعمليـة التـدريس، وبلتأكيـد فـإن عمليـة التـدريس هـي العملية الكثر أهمية التي يـتم أداؤهـا في أيـة مدرسـة، ويبـدو صحيحاً أن المهـام الأخـرى للمـدير باشتمال هذه المهام المصنعة بأنها إدارية فقط، قد وجدت فقط لتسهم في جعل العمليـة الاشرافيـة والتدريسية أكثر فاعلية.

ومسئوليات مدير المدرسة هي:

– يعتبر مدير المدرسة المسئول الأول داخل المدرسة حيث يعمـل ضـمن الاطار السياسـي المعد بواسطة مجلس التعليم والمراقبة، كما أنه يلعب دوراً هامـاً في العملية الارشاديـة، وبما أنه قائد إشرافي في مدرسته فأنه يتعين عليه متابعـة المراحـل اللازمـة للنشـاطات التعليمية، ومساندة المدرسين، ومساعدتهم في الحصول على قدر عال من التدريب، كما يحتم عليه تقديم النصح والارشاد لجميع العاملين، كذلك تشجيعهم وغـرس روح القيادة داخل أعضاء مدرسته.

– يجب على المدير المسئول أن يكون على درايـة واسعة بـالمجتمع المحيـط بالمدرسـة، وأن يكون على دراية واعية بالنظام التعليمي داخل مدرسته،

كذلك عدد الطلاب الموجودين بالمدرسة، وقدرات المدرسين، كذلك المناخ المدرسي ككل، وكذلك الأدوات التعليمية المتاحة بالمدرسة للطلاب، لذا يتحتم عليه القيام باستمرار بعمل تقييم شامل للنظام التعليمي عن طريق دراسة التقارير الدراسية ونتائج الاختبارات والندوات والمقابلات المباشرة مع أولياء أمور الطلبة، كذلك المدرسين داخل المدرسة، عن طريق حضوره المباشر داخل قاعات الدراسة داخل المدرسة.

— حضور تجمعات الفصول وورش العمل، وتقع مسئولية المدير هنا في تشجيع فترة المشاركة لهذه المحاضرات والسماع الى حديث المدرسين بخصوص الأفكار الجديدة بعد المشاركة.

— مناقشة الأفكار الجديدة، ومسئولية المدير هنا هو خلق جو حر ومفتوح للمناقشة وأن يعمل كحافز لهذه المناقشات.

— المشاركة في تجريب، وتكون مسئولية المدير هنا مساعدة المدرس في التخطيط، والتنفيذ، وتقويم التجربة، كما يجب على المدير أن يؤكد للمدرسين أن التجريب مهم سواء كانت النتائج إيجابية أو سلبية.

— إلى جانب مسئوليات المدير الارشادية يتعين عليه في بعض الأحيان أن يأخذ على عاتقه تحمل مسئولية تعيين المدرسين داخل المدرسة، ووضع المعايير الخاصة بالابقاء عليهم، كذلك عملية تقييمهم، كما يتعين عليه أيضا تقديم العون والارشاد للمدرسين الجدد داخل المدرسة، كما يتعين عليه أيضا وضع جدول الحصص اليومي داخل المدرسة.

هـ ـ واجبات رئيس القسم ومسئولياته:

لقد أصبح دور رئيس القسم مهم في المدارس الثانوية الكبيرة، وذلك منذ فترة طويلة، لكننا نادراً ما نجد أن رئيس القسم يمتلك قدرات إشرافية، فهوعادة ما يتسم عمله هذا إما بطريق التعيين أو الانتخاب كمكافأة له على مدة عمله

الطويلة في المدرسة، وذلك بالتغاضي عـما إذا كـان يتمتع بمواصفات القائد أم لا، وهـذا المنصب عموماً يتضمن كما عظيما من الأعمال الروتينية والكتابية، والمسئوليات الادارية، مع التحرر الى حـد ما من عملية التدريس، وبذلك لا نتوقع منه إشرافاً جيداً، ويقوم رئيس القسم أحيانا بمهام إشرافيـة على المدرسين في قسمه، وفي المدارس الثانوية يقوم رئيس القسم بعملية توجيه للمدرسين الجـدد، ذوي الخبرة المحدودة، لكي يكتسبوا الثقة وزيادة فاعليتهم، وفي خلال الوقت المتاح يساعد أي معلم لديه رغبة في التطور، وفي المقابلات والاجتماعات يساعد المعلمين على مواجهة التطورات في المناهج ومحتوياتها.

ويقـوم بعقـد جلسـات القسـم الدوريـة لتقـويم البرنامج، والتعـرف عـلى نظـام العمـل والمشكلات، ويقوم بمناقشة الأفكار وتنمية الذاتية الجماعية، وهو ينتقل ويفسرـ سياسـات المدرسـة وقراراتها للمعلمين، ومن ثم توصيل اهتمامات المدرسين وأفكارهم ومقترحـاتهم الى الادارة العليـا في المدرسة.

5. أسلوب عمل المشرفين

يقع الاشراف على التعليم ضمن اختصاص كل ولايـة، ويحـدد حجـم الولايـة وعـدد سـكانها وعـدد طلابها ومدارسها طريقة عمل المشرفين فيها، فإن فمسئوليـة الاشراف على التعليم تقـع ضـمن اختصاصات سلطات التعليم المحلية، ويختلف أسلوب عمـل المشرفين في حجمـه ةطبيعتـه حسـب حجم الولاية والمنطقة التعليمية والمدارس، وحسب الخلفيـة الاجتماعيـة، والاحتياجـات الاقتصاديـة والتعليمية لمواطني المنطقة الموجودة فيها المدرسة.

1. اسلوب عمل المشرفين على مستوى الولاية:

مجلس الولاية هو صاحب السلطة المطلقة في شئون التعليم، وتختلـف التطبيقـات التربويـة والسياسية التعليمية من ولاية لأخرى، فكل ولاية مسئولة عن نظامها التعليمي الخاص بها، وأن كان هناك تشابه في التنظيم التعليمي بين

بعض الولايات، فجميع المناهج التي تقدم في المدرسة ينبغي أن تحصل على موافقة الولاية، وهـذه المناهج توضع ضمن كل مدرس في تقرير يرفع للولاية، وتضم في جزء منها التسهيلات ونوعية البرامج وأدوات التقويم ونتائج الامتحانات التي تستخدم في كل مدرسة، كما تشمل على نوعية المعلمين ومؤهلاتهم، وتعتمد الولاية البرامج كل ثلاث سنوات، والاشراف على مستوى الولاية هـو إشراف على البرامج أكثر منه إشراف على المدرسين، ويزور فريق المشرفين الفصول حسب نظام التعيينات ويمكنهم أن يدخلوا أي فصل للمراقبة، وفي معظم الولايات توجد لجنة التعليم التي تخطط سياسة المدارس العامة، وفي كل ولاية يوجد مسئول عن الادارة المدرسية، يدعي المراقب العام للتعليم، أو مندوب التعليم في المجلس، وفي معظم الولايات يتم اختيار أعضاء لجنة التعليم والمراقبة العام بالانتخاب بواسطة الشعب، وفي الولايات الأخرى يعين محافظ الولاية هؤلاء الأعضاء، كما أنه توجد في بعض الولايات لجنة تختص بالتعليم المهني، علاوة على لجنة التعليم العام.

وفي بعض الولايات تصنف المدارس الى أنواع، وفق الدرجة التي تصل اليها المدرسة في تقنينها عند تقرير صلاحيتها، ويوضع في الاعتبار أيضا المنهج المقرر، واستعداد المدرسين، والمكتبية، والتجهيزات، والأبنية المدرسية، وتعطي المدارس فرصة مدتها عامين لاستكمال العجز قبل أن تقرر اللجنة صلاحية المدرسة أو عدم صلاحيتها.

ب. أسلوب عمل المشرفين على مستوى السلطة المحلية:

تعد السلطة المحلية هي المسئولية عن الاشراف والتقويم في العملية التعليمية، والاشراف على مستوى المنطقة هو إشراف على مدى فاعلية النظام وكفاءته أكثر من زيارة للفصول، وقد قامت الكثير من الولايات بترسيخ دور السلطة التعليمية المحلية في الاشراف على التعليم وتقويمه، والاعتراف بأن المناطق

التعليمية المحلية المريكية تقوم أكثر من الهيئات القومية وهيئات الولايات ببحث واتباع التحسينات المخطط لها، في رفع مستويات اللامركزية من خلال تمتع المناطق التعليمية والمدارس بحرية تعميم البيئة والخبرات التعليمية، لتلبي بشكل أفضل احتياجات كل طفل، ويقترح المخطط تحريكاً باتجاه المزيد من الرقابة المحلية، ومن مرونة التمويل تنفيذ النظام الشامل الجديد.

وتقوم الولايات بتفويض السلطة للمحليات لمتابعة الاشراف على التعليم وتحتفظ بسلطاتها الخاصة، ووضع السياسات الخاصة بتحديد المستوي والامتحانات، والبرامج، ومتابعة الميزانيات، وتقوم سلطات التعليم المحلية برصد نتائج جميع طلاب المدارس التابعة لها في شبكة الحاسب، وتتم مراجعة هذه النتائج من قبل خبراء المواد، وفي الحالة التي يجد فيها هؤلاء المختصون ضعفا لدى الطلاب، في أي جزء من أجزاء المواد، يبادرون بالاتصال بمديري المدارس، ويطلعونهم على هذا الضعف لتحسينه. وفي الحالات التي تظهر فيها تقارير مديري المدارس وجود مشاكل حقيقية في أية مدرسة تقوم القيادات في السلطات التعليمية المحلية، بالاعتراض على العمليات التنفيذية في المدارس.

جـ- أسلوب عمل المشرفين على مستوى المدرسة:

يعد مدير المدرسة هو القائد التعليمي في المدارس المريكية، حيث تعد عمليات الاشراف والتقويم ومدى فاعليتها من مسئوليته، وتحدد عمليات الاشراف والتقويم نوعية المعلومات المطلوبة عن الطلاب، وهيئة الموظفين وتسهيلات المدرسية، والامتحانات، والمخرجات التي ينبغي أن نحصل عليها لمقابلة المستوى المحدد من الأهداف.

ويقوم مدير المدرسة أو رئيس القسم في حالة المدارس الكبيرة بزيارة الفصول للتعريف على نقاط القوة والضعف ورصدها، وبالتالي اقتراح ما ينبغي لعملية التطوير، وبالتالي يمكن لجميع أعضاء هيئة التدريس أن يتطوروا وينموا

مستواهم من خلال برامج التدريب في أثناء الخدمة، والبرامج التي نعدها الجماعات لتدريب العاملين، ويشترط في المديرين للقيام بعمليات التقويم والمتابعة أن يكونوا حاصلين على برامج تدريب قبل الخدمة أو في أثنائها في الاشراف والتقويم، وخصوصاً في مهارات المراقبة الصفية، وفي مهارات كتابة تقارير للمعلمين، وهذه البرامج تجعل المدير أكثر قدرة على ملاحظة نواحي القوة والضعف في المدرس، كما تجعله قادراً على اقتراح أفكار جديدة للمتعلمين وتساعدهم في التعرف على المشكلات الحقيقية في تصرفات المعلم.

6. معايير اختيار المشرفين:

أدى التزايد المستمر لعدد الملتحقين بالمدارس في العالم الى حشد مكثف للمعلمين، مما جعل اختيار وتوفير المشرفين التربويين وفق إجراءات علمية دقيقة تلبى احتياجات المؤسسة التعليمية أمرا ضروريا، ويتم اختيار المشرفين التربويين طبقا لأحد المطبقين في مختلف دول العالم وتنظيماته التالية:

1. بنظام المكانة الوظيفية

الذي يركز على الوظيفة، وما تتضمنه من مهام ومسئوليات وواجبات، وما تتطلبه هذه الوظيفة في الشخص المرشح لها من مؤهلات وخبرات وقدرات وصفات، أي أن الوظائف تبعا لهذا الأسلوب هي التي تحدد المهارات والمؤهلات والخبرات المطلوبة لشغلها.

النظام الشخصي:

ويعتمد على اختيار الشخص بناء على مؤهلاته وقدراته، لينخرط في إحدى وظائف التنظيم دون تحديد، أي أن المؤهلات والخبرات والمهارات هي التي تحدد الوظيفة.

أما بالنسبة للولايات المتحدة الأمريكية فتختلف المعايير المطلوبة من ولاية لأخرى في اختيارها للمشرفين التربويين، ولكن هناك معايير عامة ينبغي أن تتبع كالاتي فبالنسبة لمعايير اختيار مراقب التعليم:

- خبرة في التدريس داخل الفصل.
- خبرة بدرجة كبيرة في المرحلة الثانوية.
- خبرة في وظيفة إداري على مستوى الاقليم.
- خبرة كمعلم في وظيفة إداري موقع في المرحلة الاعدادية.
- يشترط الحصول على درجة الماجستير ويفضل الدكتوراه.
- أن يكون لديه مهارات قوية في العلاقات بين الاشخاص، ومحل احترام الجميع ويصر على المساواة بين فريق العمل.
- أن يكون صريحاً وأمنيا وجديراً بالثقة في تعاملاته مع فريق العمل.
- أن يكون لديه مهارات اتصال ممتازة شفهية وتحريرية ولديه قدر من الدعاية.
- أن يكون مفكراً مبدعاً وقادراً على التفكير المتحرر.
- أن يكون متعاوناً وأسلوبه شاملا ويشارك فريق العمل والمجتمع المحلي في عملية صنع القرار.
- أن يكون شخص لديه رصيد ناجح بكونه حساساً وسريع الاستجابة تجاه الاحتياجات والاهتمامات الموحدة، وتطلعات طبقات المجتمع المحلي التي ستتضمن ولكنها لا تقتصر على مجتمع محلي من عرقيات وثقافات متعددة.
- أن يكون لديه الخبرة المالية، من أجل فحص الميزانية وتطويرها خلال الفترات الصعبة المقبلة.
- أن يفهم التكنولوجيا وتطبيقاتها في التعليم والادارة داخل المدرسة.

— خبرة سنتين على الأقل في التدريس.

— خبرة سنة على الأقل في الأعمال الادارية والقيادية.

الاعداد والتدريب:

توجد مجموعة من الشـروط التـي يجـب توافرها في بـرامج الاعداد والتريب التـي تقدم للمشرف وهي:

— مؤهل في التدريس يتضمن قدرته وكفاءته في طرق التدريس وطبيعة التعليم.

— حصـوله علـى درجـة التخصـص في التربية بالاضافة الى خبرتـه وتدريبـه علـى العمليـة الاشرافية، وتطوير المناهج، وما يتضمنه هذا من إلمام بمبادئ الاشراف التربوي وطبيعته واتجاهاته الحديثة في التوجيه والتـدريب، وكـذلك تنميـة مهـارات الاتصـال الجماعيـة والفردية، والقدرة على حل المشكلات، وفض النزاعات بالاضافة الى القدرة علـى حـل المشكلات، وفض النزاعات بالاضافة الى القدرة على تقييم الأداء وتطويره.

المهارات المطلوبة توافرها في مرشح الاشراف التربوي:

الاعتماد على توافر المؤهلات والخبرة فقط في الترشيح لوظائف الاشراف التربوي ليس كافيـا، بل لا بد من دعمه بالمهارات والصفات اللازم توافرها لتقلد مثل هذه المناصب، وقد قامـت اللجنـة القومية لمديري المدارس الثانوية بتحديد المهارات المطلوبة في القيادات التربوية والاشرافية وهي:

— مجالات القيادة الوظيفية لتناول العمليات والأساليب التنظيمية والتي يتم عن طريقها تحقيق رسالة المدرسة.

- المجالات البرنامجية من أجل تغطية مجال وإطار البرنامج التعليمي والتكنولوجيا الأساسية للتعليم والخدمات المساعدة والمدعمة، والأنشطة التنموية ومصدر الموارد.

- المجالات الخاصة بالعلاقات بين الأشخاص من أجل تحقيق الأهداف الشخصية والمهنية وأهداف التنظيم.

- المجالات البيئية المرتبطة بالمناخ التنظيمي التي تعالج المؤثرات الفكرية والأخلاقية والثقافية وغيرها على المدارس بنوعيها القديمة والحديثة.

الاشراف التربوي في أنجلترا

يسير النظام التعليمي في إنجلترا في ضوء الفكر الرأسمالي الذي يسعى لتحقيق الديمقراطية، وتكافؤ الفرص، حيث تقوم الحكومة بوضع سياسة تهتدي بها السلطات التعليمية في إشرافها على التعليم بما يتفق مع ظروفها وحاجاتها، ومن هذا المنطلق يتم رسم السياسات التعليمية بالطريقة التي تجعلها مناسبة لحاجات الاجتماعية، وحاجات المواطنين مع الاهتمام بالموهوبين، كما أن مشاركة المواطنين في وضع السياسات التعليمية، ترفع من معدل المسئولية الشعبية التي تقف وراء التقدم العلمي الكبير الذي حققته وما زالت تحققه هذه النظم التعليمية.

ففي بدايات القرن التاسع عشر لم يكن في انجلترا نظام تعليمي قومي، بمعني وجود مراحل تعليمية تؤدى كل منها الى الأخرى، ويلتحق بها جميع الطلاب بدون تفرقة بين جنس أو لون أو مستوى اقتصادي، ومعتقداتهم الدينية، والمذهبية، كما كان للحرب العالمية الثانية والضغوط النفسية خلالها، والاختلافات المذهبية والعرفية، كان له أثر كبير في انخفاض كفاءة النظام التعليمي، ولكن بعد الحرب حدثت تغيرات كثيرة، وأصبح التعليم من حق

الجميع، تحقيقا لمبدأ تكافؤ الفرص الذي تؤمن به الفلسفة الرأسمالية، كما أسهم التقدم الاقتصادي والتطور التكنولوجي في اغيير كثير من القيم الاجتماعية والدينية.

وأصبح هناك اختلافات كبيرة في خلفيات الأسر ومتطلباتها التعليمية، وقد ساعدت الثورة الصناعية، والتغيرات الاقتصادية المصاحبة، وتزايد الحاجة الى الكفاءات والعاملين في شتى القطاعات على تزايد تدخل الدولة في شئون التعليم، والى تزايد معدلات الالتحاق في المدارس عموما، كل هذه العوامل السابقة أفرزت أساسيات وضع نظام تعليمي جديد يتلاءم مع التطورات القائمة من خلال قوانين إصلاح التعليم.

وينقسم السلم التعليمي في انجلترا الى ثلاث مراحل ابتدائية وثانوية وجامعية: المرحلة الابتدائية تبدأ من سن خمس سنوات الى إحدى عشر سنة، وتنقسم المرحلة الابتدائية الى مرحلتين من (5-7) سنوات مرحلة رياض الأطفال، والمرحلة الابتدائية من (7-11) سنة، ثم يتقدم الطالب في سن الحادية عشر لأداء اختبار قدراته واستعداده، ونتيجة لسجله الدراسي من المدرسة الابتدائية الى المدرسة الثانوية، أما المرحلة الثانوية فتستمر حتى سن السادسة عشر كما يستطيع الطلاب الاستمرار في الدراسة حتى سن الثامنة عشرة، وذلك حسب التخصصات التي يريدون الالتحاق بها في المراحل المتقدمة للتعليم.

الادارة والاشراف:

يعد وزير الدولة للتعليم والعلوم هو الوزير المسئول عن التعليم في انجلترا، وعن الجامعات، أما الخدمات التعليمية فهي جزء من مسئوليات وزراء الدولة وعادة ما يتم وصف التعليم في انجلترا بأنه نظام قومي يدار محليا وتقع المسئوليات الخاصة بتعيين المعلمين، وبناء المدارس، وتوفير الكتب والمعدات، والاستفادة من المصادر المتاحة، والمناهج ضمن اختصاصات السلطات التعليمية المحلية، التي

تضم كل من أعضاء منتخبين وموظفين متفرغين وخصوصا مديري التعليم، وبالرغم من أن الادارات الحكومية المركزية لها سلطات قليلة مباشرة على السلطات التعليمية المحلية، فأنها مع ذلك قادرة على ممارسة تأثير كبير عليها بصورة غير مباشرة، عن طريق لفت انتباهها الى مشكلات معينة، وتقديم النصح بشأنها.

وقبل صدور قانون الاصلاح التعليمي 1988 كانت تقع على السلطات التعليمية المحلية مسئولية تقديم خدمات المختلفة. ولكن بصدور هذا القانون تضاءلت اختصاصات السلطات التعليمية المحلية في التعليم، وأصبح دورها ثانويا بعد أن كان رئيسا، وأعطى القانون سلطات كبيره في الادارة والتمويل، وطالب السلطات التعليمية المحلية بأن تفوض مسئولياتها في الادارة والتمويل الى مجالس إدارة المدارس.

وأعطى مسئولية أكبر للمدارس في إدارتها الذاتية، أي إدارة نفسها بنفسها في إطار المنهج القومي الموحد، والمعايير الموحدة للتقويم، ولكل مدرسة ثانوية مجلس إدارة، بعضه معين من قبل السلطات التعليمية المحلية، وبعضه منتخب بمعرفة الآباء، وبعضها يعين بمعرفة المجلس نفسه، ولهذا المجلس السلطة في التصرف في ميزانية المدرسة التي تخصصها السلطات التعليمية المحلية، في صورة مبلغ محدد، وفق نظام معتمد مباشرة من الوزارة المركزية للتعليم، دون اللجوء الى السلطات التعليمية المحلية، ويتولى مجلس إدارة المدرسة الادارة اليومية لمدارس، كما يتولى مهمة تعين المعلمين أو إنهاء خدمتهم.

1. تطور نظام ومفهوم الاشراف التربوي.

التفتيش هو المصطلح المستخدم في انجلترا بمعنى الاشراف، ولقد مر نظام التفتيش فيها وتطور، مرتبطا بتطور المجتمع واحتياجاته، ومتأثرا بمسيرة النظام التعليمي في إدارته وتنظيمه، كان أول ظهور للتفتيش في المجال الحكومي في

الصناعة، وكانت مهمة المفتشين تتلخص في دراسة أوضاع العمل في من حيث تأثيرها في العاملين، بالاضافة الى التأكيد من فاعلية التدريب في هذه المصانع التي كان العاملون يتلقون فيها تدريبا في مجال عملهم، وقد ساعد وجود المفتشين في المصانع على اكتشاف عدم مفاية البنود الخاصة بالتعليم في قانون المصانع، مما أدى الى زيادة الحاجة الى وجود مشروع للاشراف على التعليم أكثر رسمية.

ولم تكن الحكومة الانجليزية تشارك في التفتيش على التعليم، حيث كان ذلك من سلطة الكنيسة التي كانت توفر التعليم الى حد كبير، وخصوصا من خلال المدارس الخيرية التي كانت تديرها جمعيات، وكانت الكنيسة في ذلك الوقت تعارض وجود المدارس القومية الحكومية، لذلك لم يكن التفتيش في الأصل من سلطة الحكومة، وإنما كان المفتشون أو زائروا المدارس كما كانوا يعرفون من رجال الدين المحليين بشكل عام.

وتم تعيين أول مفتشين تابعين لهيئة تفتيش صاحبه الجلالة، وهو تطور لم يلق ترحيبا لدى الهيئات الدينية، حتى التوصل الى اتفاق يعطي رجال الدين دورا رئيسيا في تعيينهم والرقابة عليهم، وكان من أول عواقب هذا الاتفاق أن أصبحت عملية التفتيش مجرد تسمية وفي السنوات الولى لظهور التفتيش كان الهدف منه هو جمع الحقائق والمعلومات، ولم يكن من حق المفتش التدخل في التعليم الديني، أو الانضباط، أو إدارة المدارس، ولم يكن ينظر الى التفتيش على أنه وسيلة للسيطرة على الجهود المحلية أو تقييدها، بل مجرد تقديم المساعدة، ولكن سرعان ما قام المفتشون بترسيخ ممارسة تقديم المشورة، ومراقبة طرق التدريس، والتحقق من مدى نجاح هذه الطرق.

وبناء على قانون التربية والمدارس الذي أكد على النزعة المركزية في الادارة على المستوى الوزاري، وعلى الجوانب التي تهم وتخص المجتمع على

المستوى القومي، كنوع التعليم المطلوب والمناهج الوطنية، واحتياجات المجتمع، والتأكيد على مزيد من الاستقلالية في إدارة المدارس، أسس جهاز التفتيش التربوي في انجلترا ويعد هذا الجهاز " ادارة مستقلة نشأت من خلال هذا القانون"، لتكون مسئولة عن التفتيش في جميع المدارس وتدار بواسطة مفتشي صاحبة الجلالة، ويكون التفتيش في المدارس بواسطة فريق من المفتشين المسجلين، والمفتشين المختصين وغير المختصين (الذين يتم التعاقد معهم لفترات محددة قابلة للتجديد).

ويقوم جهاز التفتيش التربوي بالعمل في جو تنافسي مفتوح، وبشكل منظم ودقيق حيث يتم تحديد أسماء المدارس التي سوف يتم التفتيش عليها في فترة محددة، ويعد الجهاز ملزما بإظهار نتيجة عمله أمام الجميع من المهتمين بأمر التربية والتعليم والرأي العام.

ويتضمن من خلال:

— كون المفتشين موظفين مستقلين.

— الوضوح الذي يصر عليه الجهاز من خلال نشره التقارير السنوية.

— حضور المفتش المحلي في كل مراحل العملية التفتيشية.

وهذا الاعداد الجديد للتفتيش من خلال جهاز التفتيش التربوي وشمل هذا النظام جميع المدارس، من رياض الأطفال وحتى المرحلة الثانوية.

وامتداد يرتبط بتطور التفتيش على المستوى المحلي فترى أن تطوره وامتداده يرتبط بتطور سلطات التعليم المحلية، ويختلف في حجمه واتجاهاته لتوفير عملية الاشراف على المواد العملية مثل الحرف اليدوية، والعلوم المنزلية، والتربية البدنية، وسرعان ما اتسعت مهمتها مع القرار بالمسئولية العامة.

وكانت هيئة التفتيش على المستوى المحلي تتكون من خمسة فروع هي: التعليم الابتدائي، وإعداد المعلمين، والتعليم الفني، والتعليم الثانوي، والرعاية

الطبية، وكان يشرف على كل فرع من هذه الفروع مفتش عام، ومفتشة عامة لها سلطة الاشراف على المدرسات.

يعد مفهوم (التفتيش) هو المصطلح المستخدم في انجلترا للدلالة على الاشراف التربوي على المستويين القومي والمحلي، وبالرغم من استمرار استخدام هذا المفهوم حتى الوقت الحاضر فإن هذا المفهوم قد تطور في مدلوله تطورا كبيرا، وأكد على كون عملية التفتيش عملية متكاملة تتناول جميع عناصر العملية التعليمية، ثم زاد هذا المفهوم تطورا في دلالته التفتيش في جميع المدارس بانجلترا، للتأكيد من مستواها ومدى تحقيقها للأهداف التعليمية المطلوبة.

2. **الهيكل التنظيمي للتفتيش:**

تتولى إدارة التفتيش على المستوى القومي، بينما يقوم المفتشون التابعون لسلطات التعليم المحلية بالتفتيش على النستوى المحلي وذلك ما يتضح من خلال ما يلي:

1. الهيكل التنظيمي للتفتيش على المستوى القومي:

يتألف الهيكل التنظيمي لجهاز التفتيش التربوي من فريق كبير، يكون على قمته الرئيس الأكبر للمفتشين، ويتبعه مباشرة السكرتارية المركزية، ومكتب المعلومات والنشر كما يتبعه إدارتان، تختص الأولى باشئون الادارية ويرأسها مدير الادارة وهو مسئول عن جميع الأعمال والخدمات الادارية والمالية، وتختص الثانية بشئون التفتيش ويرأسها مدير التفتيش، ويساعده مساعدان كل منهما مسئول عن مجموعة من الأقسام مثل المناهج، والتدريب، والعلاقات الخارجية، والبحوث، ومتابعة المدارس الضعيفة، ويهدف عملهم الى تقديم تقرير عام عن مستوى التعليم، عن طريق القيام بتفتيش دقيق منظم، ويلاحظ فاعلية هذا الجهاز وشموليته حيث أنه لا يدع جانبا من الجوانب التي لها علاقة بالعملية التعليمية ألا ويغطيها.

ب. الهيكل التنظيمي للتفتيش على المستوى المحلي:

أن تفتيش الهيئات التعليمية المحلية يتعين عليه الاعداد لمتابعة أية هيئة تعليمية للتفتيش، ويتضمن ذلك استعراض طريقة أداء الهيئة لأي عمل يتعلق بتوفير التعليم للأفراد في سن الدراسة الاجبارية، أو الأفراد من أي عمر سواء كان أعلى أم أقل من سن أعمار الأطفال في المدارس التي تتولاها الهيئة.

وخطة العمل التي تمثل مرشدا غير دستوري حول تفتيش الهيئات التعليمية لا تضع أية قيود على الطريقة التي تمارس بها صلاحيات كل من وزير التعليم وكبير المفتشين وبالتالي تعد السلطات المحلية هي المسئولة عن تقديم الخدمات في انجلترا في جميع المجالات (الصحة، الأمن، والاسكان، والمرفق العام،...) وتعد خدمة التعليم والاشراف عليه هي أحدى المسئوليات التي تقوم بها هذه السلطات وتتكون هذه السلطات المحلية من لجان تضم أعضاء تشريعين، ومستشارين يمثلون جميع الخدمات التي تقدمها المدينة، وتختلف هذه اللجان من حيث أعضاؤها، تبعا لا ختلاف حجمها واتجاهاتها السياسية.

جـ أهداف التفتيش على التعليم

يهدف التفتيش على التعليم في انجلترا الى مجموعة من الأهداف أهمها ما يلي:

- متابعة المناهج التعليمية وتقييمها، بالاضافة الى كتابة التقارير عن مدى كفاءتها ومستويات التعليم، وتنفيذ توجيهات السياسة القومية والمحلية.
- تقديم برنامج استشارة منسق وتقديم المساعدة لكل المدارس والمؤسسات، خصوصا فيما يتعلق بتنفيذ المناهج القومية وكيفية إدارة الموارد.

- مساعدة الوكالات التعليمية المحلية بكل المعلومات والاستشارات الضرورية لتشكيل سياستها.
- تشجيع التطور المهني لأعضاء هيئة التدريس.
- تشجيع تطوير المناهج خصوصا في المناطق التي لا يشملها المنهج القومي.
- تقديم النصيحة والارشاد للمحافظين والمدريرين حول الوظائف التعليمية.
- تقديم الدعم والمشورة من أجل تقييم خطط المدارس والجامعات.
- تطوير أعمال الخدمة وكذلك الأفراد القائمين عليها.

يتضح لنا مما سبق ومن خلال الهيكل التنظيمي لنظام التفتيش على المستوى القومي، والتفتيش على المستوى المحلى من خلال سلطات التعليم المحلية، لا يوجد تضارب أو تداخل في السلطات والمسئوليات، فإذا كان دور نظام التفتيش على مستوى القومي هو متابعة النظام التعليمية برمته، فأن دور التفتيش المحلى يكون أكثر محدودية، كما أن وجود المفتشين المحليين أدى الى التخفيف من أعباء هيئة التفتيش وأعمال التفتيش الرسمية من خلال الاشراف على التعليم محليا، ويمكن أن نفهم هذا النظام أكثر إذا نظرنا الى مسئوليات المفتشين على المستويين القومي والمحلي ومن ثم طريقة عملهم.

د. واجبات المفتشين على المستوى المركزي ومسئولياتهم:

لقد تحددت مسئوليات كل فرد في النظام الاشرافي (التفتيش) في إنجلترا كالآتي:

واجبات كبير المفتشين ومسئولياته:

يدير كبير المفتشين طاقم العاملين وبرامج التفتيش، كما يشارك بشكل عام في السياية التعليمية، وتطوير المناهج من خلال الخدمات التعليمية، ويقدم المساعدة للمدير في عملية التخطيط الناجح وتنفيذ برامج وأنشطة القسم، قد حددت المهام الملقاة على عاتق كبير المفتشين بما يلي:

التوجيه : إن مهمة كبيرة المفتشين أو الاستشاريين هي التأكيد من حدوث الأعمال الضرورية مثل (وضع الأهداف - صنع السياسة-تحديد الأوليات-تنظيم الفريق-تفعيل طاقم العاملين)، كل ما سبق يتطلب نقاشا مع الأعضاء، كذلك يعد كبير المفتشين مسئولا عن وضع نظام الفريق واختيار الأعضاء المشاركين في عملية التفتيش.

برنامج المتابعة والتفتيش: إن مهمة كبير المفتشين أو الاستشاريين أو الاستشاريين المنتخبين هي التأكيد من تطور البرنامج التعليمي، وكونه واضحا لكل الأعضاء، وتنفيذه، وسيكون مطلوبا من كبير المفتشين أيضا أن يتأكد من مدى كفاءة كتابة التقارير.

تنظيم المساعدات المهنية: يحتاج كبير المفتشين الى التأكد من التخصيص الكافي للوقت عند الاعداد لبرنامج التفتيش والمتابعة، من المهم كذلك أن يتأكد أن الوقت المخصص للدعم المهني قد تم استخدامه بشكل جيد.

- توجيه مستوى أداء أعضاء الفريق وتطويره: يحتاج كبير المفتشين أن يتأكد من حدوث ما تم تخطيطه ومتابعة مدى كفاءته، ويعد كذلك مسئولا مباشرا عن تنمية مستوى أداء كبار الأعضاء في الفريق، وذلك لتقييمهم، ولإيجاد فرص لمناقشة أعمالهم، والطرق التي يمكن أن يتطوروا أكثر من خلالها.

- تقييم أعمال الفريق الاستشاري: ويقوم كبير المفتشين بتقييم الأعمال التي يقوم بها أعضاء الفريق في ضوء الخطة الموضوعية.

- المحافظة على قنوات الاتصال: تتطلب الخدمات الاستشارية اتصالا مع عدد كبير من الناس، وكذلك مع الأنظمة جيدة، لضمان التويع الجيد للمعلومات.

- النصيحة والمساعدة: وهذه هي مسئولية كبير الاستشاريين أو المفتشين للتأكيد مـن توفير المساعدات لمن يحتاجونها، وكذلك تجمع الخدمات وتنسيقها، أو ايجاد نـوع مـن الاتصال بين من يريدون المساعدة وأعضاء الفريق، هذه ليست بالمهمة البسيطة، ونظرا لأن الحاجة الى المساعدة أحيانا تكون غير متوقعة وكذلك تكون المعلومات غير متاحـة، ومن مهامه أيضا توقع المساعدات التي سيعلن عنها، والتأكد من وجودها عند الحاجة.

واجبات كاتب التقرير ومسئوليات (رئيس فريق التفتيش):

هناك العديد من المهام والوظائف التي يقوم بها كاتب التقرير (رئيس فريق التفتيش)، فهو يقوم بالتشاور مع المدرسة، لتحديد الوقت المقترح للدورة التفتيشية، وعنـدما يـتم تحديـد الوقـت فأن المفتش يقوم بابلاغ مدير المدرسة، وبعدها يقوم (رئيس الفريق) بالدورة التفتيشية، وذلك مـن خلال متابعة العمل، وبالتالي يكون التقرير على مستوى المطلوب، وبعد انتهائه من كتابة التقريـر، فأنه يقوم بمناقشته مع مدير المدرسة وإدارتها، وكذلك مـع ممثـل الحكومـة، وتتم هـذه العمليـة بسرعة، بعد الانتهاء من الدورة التفتيشية وقبل كتابة التقرير، وتتلخص مسئوليات كاتـب التقريـر فيما يلي:

- يحدد مواصفات التقرير.

- يحدد أيام الدورة التفتيشة بالاتفاق مع المدرسة.

- يحدد واجبات المفتشين ومسئولياتهم.

- يقابل أولياء الأمور قبل الدورة التفتيشية.

- يتابع المعلومات والملفات الواردة من بقية المفتشين.

- يخطط جداول المفتشين ويضبط الادارة المحلية لهم في أثناء العملية التفتيشية.

- ينسق مواقع المفتشين، ويقيم علاقة متبادلة مع مدير المدرسة.

- يجمع التقارير من كل مفتش على حدة.
- يناقش الظواهر والاقتراحات، ويتفق على النتائج مع أعضاء فريق التفتيش.
- يناقش النتائج مع الاداريين، وممثلي الحكومة.
- يعد التقرير النهائي وملخصه، ويقدمه الى المركز المسئول عن التعليم، وممثل.

عناصر التقرير

ويشتمل التقرير على شرح لأهم العوامل الاقتصادية والاجتماعية، وأداء المدرسة، وأية خصائص أخرى للهيئات الحكومية بما فيها أية تغييرات منذ آخر تفتيش قد تؤثر على أدائها كمنظمة بالاضافة لملخص عن نتائج عملية التفتيش الأولى، وسيشتمل هذا الشرح على الحكم واضح لكفاءة الهيئة، وقدرتها على تحقيق أفضل القيم، كما سيكون هناك قائمة بالأعمال التي تقوم بها المدرسة بالاضافة الى رسم الخصائص الرئيسية في القيادة والادارة وتخصيص الموارد والتخطيط أو توصيل الخدمات التي تقود الى حكم كلي في تقرير، وسيكون هذا الحكم بناء على مقدرة الهيئة على إجراء تقييم، وتحقيق التوصيات المرفقة مع التقرير وهي:

- تشتمل نتائج التفتيش على استيراتيجية الهيئة لتحسين المدارس ووظائف التحسين الدراسي والاحتياجات التعليمية الخاصة، وتشجيع الاشتراك الاجتماعي والقضايا المشتركة.
- تتضمن التوصيات التي ستسهم بها الهيئة في وضع خطة عمل لتحسين الكفاءاة لتولي وظائفها.
- يتم تقديم مسودة مبدأية الى كبير موظفي التعليم بواسطة كبير المفتشين لتمكينه من عمل فحص لدقتها الفعلية، وفي نفس

الوقت، يتم إرسال نسخة الى وزارة التعليم. ويتم إعطاء معلومات شفهية حول هذا التقرير الى كبير موظفي التعليم مع دعوة من كبير المفتشين الى كبار أعضاء طاقم العاملين والأعضاء المنتخبين لحضور هذه المقابلة، التي فيها يتم إعطاء الفرصة للهيئة لجذب انتباه المفتشين الى أية أمور أخرى في مسودة التقرير، وقد يحضر عضو من وزارة التعليم هذا الاجتماع وذلك لاخبار الوزارة عن استجابة الهيئة لمسودة التقرير التي ستساعد الوزارة في تقديم النصيحة والمساعدة للهيئة.

واجبات ممثل الحكومة ومسئولياته:

يقوم ممثل الحكومة بالأعمال التالية:

- ابلاغ الجهاز المسئول عن التعليم عن أية مناهج خاصة تقوم بها المدرسة، بالاضافة الى المنهج القومي (تعليم اللغات الأجنبية، وأية نشاطات أخرى) تحتاج الى ضبط مع جدول المواصفات التي تم تحديدها من قبل في ضوء الامكانيات.
- إعلام سلطات التعليم المحلية عن الدورة التفتيشية إذا كانت المدرسة تابعة لها.
- الاسهام في تطوير استيراتيجيات المدرسة من أجل الاسهام في تنمية الطلاب ورفع مستوى التعليم والتعلم.
- تزويد مديري المدارس ومعلميها بالنصائح والمعلومات والخبرات الجديدة.
- التأكد من نوعية التعليم المقدم في المدارس، من خلال قياس مستوى الطلاب وتحصيلهم.
- الاسهام في رسم السياسات والخطط في المدارس وذلك من أجل رفع مستوي التعليم المقدم وكفاءته.

- الاعداد للمقابلة بين المفتش كاتب التقرير وبين أولياء الأمـور، ولكـن لا يحـق لممثـل الحكومة أن يحضر هذه المقابلة.

- التفكير مع مـدير المدرسـة وأعضـاء هيئـة التـدريس في كيفيـة تزويـد فريـق التفتيـش بالمعلومات المطلوبة بكفاءة، وحسب ما هو مطلوب.

- مناقشة التقرير مـع أعضـاء هيئـة التـدريس والمدرسـة، ويضـعون خلالـها خطـة عمل تفصيلية للموضوعات الرئيسية التي تناولها التقرير والتي تحتاج الى متابعة.

هـ واجبات المفتشن على المستوى المحلي ومسئولياتهم:

يقوم المفتشون على المستوى المحلي بالعديد من المهام والمسئوليات التي تسـتهدف تطبيق السياسات التي توضع من قبل السلطة المركزية، ولكن عملية التطبيق تتم بالطريقة التي تتناسب مع ظروف المناطق التي توجد بها وأوضاعها واحتياجاتها، ومن المهام التي يقوم بها المفتشون علـى مستوى المحلي:

- الاسهام في تحسين البرنامج التعليمي وكفاءة المعلمين، ولذلك فأنهم يقومون بالمسـاعدة في الحصول على المادة التعليمية التي تحتاجها المدارس، ويقومون بتنظيم الاجتماعـات، والمؤتمرات، وحلقات المناقشة، والمقابلات، وعروض المادة التعليمية كما يقومـون أيضـا بتنظيم مجموعات الدراسة، ولكن عادة عند طلب المعلمين الراغبين في ذلك.

- التحقيق من سجلات الحضور للمدارس ومتابعة الامتحانات، ومدى ملاءمتها.

- المشاركة في إعـداد المنـاهج القوميـة، بالاضـافة الى الاشراف عـلى تنفيـذها ومتابعتها ومراجعة المنهج الدراسي.

- تقويم أداء المعلمين وإعداد التقارير الخاصة بكفاءة المدرسة وأدائها.

أسلوب عمل التفتيش التربوي

يتم عمل التفتيش في انجلترا من خلال مستويين:

المستوى الأول: التفتيش على المستوى القومي وهو الذي يقوم به مفتشو صاحبة الجلالة.

المستوى الثاني: التفتيش على المستوى المحلي، وهو الذي يقوم بـه المفتشـون في المـدن مـن خلال سلطات التعليم المحلية.

المستوى الأول التفتيش على المستوى القومي:

يساعد الوزير في متابعة السياسة التعليمية جهاز تفتيش مفتشـين يقومـون بـالتفتيش عـلى المدارس وكتابة التقارير عنها، كما يرشدون المدرسين أفراد أو مجموعات في النواحي الفنية المختلفة، ويمثل هؤلاء المفتشون حلقة الوصل بين الوزارة وسلطات التعليم المحلية.

أهداف التفتيش على المستوى القومي:

— إعطاء تقرير عام مستقل عن طبيعة التعليم والتدريب، وبجانب المستويات التي تـم إنجازها وفعالية هذه المصادر في تحقيق هدف التعليم العام.

— المساعدة على حدوث تعديل من خلال مطابقة نقاط القوه لنقاط الضعف، وإلقاء الضوء على الممارسة الجيدة والتشجيع على الاستفادة منها.

— التشجيع على ثقافة تقييم الـذات بـين المعلمـين، مـما يـؤدى الى تحسـين مستمر، أو الحفاظ على بقاء المستوى والجودة عاليـة لضـمان تحقيق نوعيـة عاليـة وجيدة من التعليم.

- أن يقوم التنسيق بتغطية مناهج الوكالات التعليمية المحلية وتنفيذ المنهج القومي.

- تغطية كل أشكال التعليم المقدمة بواسطة الوكالات التعليمية النحلية، وهذا المبدأ سوف يتطلب زيادة حيوية في طاقم العاملين في الحالات مثل مرحلة قبل المدرسة، والمرحلة الابتدائية والتعليم المستمر.

- الوقوف على كل أعمال المدرسة، وحتى تصبح معروفة بالتفصيل لأحد الاستشاريين.

- القيام بأعمال التنسيق الأخرى المطلوبة على مستوى الوكالات التعليمية المحلية مثل تقييم طاقم العاملين.

أسلوب عمل التفتيش على المستوى القومي:

وحتى يستطيع المفتشون أن يقوموا بعملهم بكفاءة وفاعلية، فأنهم يقومون بالعديد من الخطوات التي تتم قبل الزيارة التفتيشية (وعادة ما تكون خلال الزيارة الأولية)، وهناك خطوات أخرى تتم في أثناء الزيارة التفتيشية، وأخيرا خطوات تتم بعد الانتهاء، من عملية التفتيش.

الخطوات التي تتم قبل الزيارة التفتيشية:

هناك العديد من الاجراءات التي تتم قبل الجولة التفتيشية، وهي كما يلي:

- تحديد وقت مناسب خلال الالتزام الدراسي من أجل تنفيذ عملية التفتيش، مع الوضع في الاعتبار مواعيد النشاطات، والاجازات والامتحانات.

- تحديد ما يتم تفتيشه بعيدا عن التفتيش على المناهج القومية، وما المواد الحديثة التي تدرس.

ويقوم بارسال صورة مفصلة عما سيتم التركيز عليه خلال التفتيش داخل المدرسة، وتعد هذه فرصة جيدة لقادة المدرسة لاستخدام التفتيش، وذلك

للاشراف على مناطق معينة داخل المدرسة التي يعدونها شيئا مهما في رسم صورة عامة عن المدرسة.

والعقد يمنح للمفتش المسجل والأعضاء أن يقومون أولا باختبار المفتشين المرشحين للوقوف على الخبراء منهم، الذين سيكونون مؤهلين لهذه المهمة، وبعد ذلك يقررون مقياسا شاملا لكل فريق، والمفتش المسجل يقوم بعمل ترتيبات مفصلة مع المدرسة التي سيقوم بالتفتيش عليها، ويشمل ذلك تقديم مستندات من المدرسة، وعمل اجتماع بين المفتش عليها، ويشمل ذلك تقديم مستندات من المدرسة، وعمل اجتماع بين المفتش المسجل وأولياء أمور الطلبة الذين يحضرون الى المدرسة، وتوزيع دراسة استبيان على الأباء، والمدارس الثانوية لا بد أن تبحث عن معلومات عند ممثلي المؤسسات التجارية المحلية، وهؤلاء الذين قاموا بتعيين لديهم طلبة خريجين من المدرسة، فالمعلومات التي يتم التقاطها من هذه المصادر سوف يتم استخدامها لتركيز عمل فريق التفتيش الذي سيزور المدرسة.

وطول فترة التفتيش وحجم فريق التفتيش يتوقف على حجم المدرسة، فالتفتيش العادي يأخذ حوالي أسبوع أو أقل، والمفتشون لديهم الحق في الدخول والتدخل في كل شيء في المدرسة ما عدا عمل تقييم للمدرس، فوظيفتهم هي جمع وبحث الدلائل كما تأتي في الاطار العام، وللتأكيد من أن المفتشين لديهم صورة كاملة عما يقوم به المدرسون فعلي المدرسين أن يشرحوا أي شيء بسيط قد يكون مر على المفتش عند زيارته للفصل الدراسي ولم يعقب عليه.

الخطوات التي تتم بعد التفتيش:

يقوم المفتشون المسجلون بمناقشة ما وجدوه مع المديرين أعضاء الادارة فهذه هي فرصتهم لتوضيح الأمور، ومن ثم يعطون تقريرهم للادارة العامة وفي خلال خمسة أسابيع من نهاية عملية التفتيش ويقوم المفتش بعمل تقرير وملخص يرسله الى المدرسة والى الهيئات الادارية، ولا بد على المدارس من ارسال نسخ من هذا الملخص الى الأباء جميع الجهات المعنية.

ومطلوب من الادارة عمل خطة عمل للتغلب على ما تم إيجاده من نقاط ضعف داخل المدرسة ومن ثم دمج ذلك داخل خطة التنمية المدرسية، ولا بد عليهم أن يرسلوا الاجراءات التي سيتخذونها لمواجهة نتيجة التفتيش والى الأباء والى جميع العاملين بالمدرسة والى السلطة المشرفة عليهم، وتتاح نسخ من ذلك لكل من يهمه الأمر.

وقد تم استحداث نظام للتفتيش حاليا بواسطة مكتب المعايير التربوية حيث يطبق مفتشو مكتب المعايير التربوية شكل التفتيش للحكم على موضوعات المدرسية، المناهج، وجودة التعليم، والقيادة وإدارة العاملين والموارد، أن الأحكام الموجودة في تقرير التفتيش هي نتاج ملاحظة الفصل، وقابلة الآباء في اجتماعات مع العاملين و المحافظين ودراسة عمل الطلبة والتدقيق في وثائق المدرسة.

المستوى الثاني: التفتيش على المستوى المحلي:

يرتبط التفتيش على المستوى المحلي بسلطات التعليم المحلية، وتوزيع المدارس على مفتشي-الأقسام، ويختص كل مفتش بعدد من المدارس تصل الى (80) مدرسة في المتوسط لجميع المراحل التعليمية، ويراعي عند تحديد هذه المدارس ثلاثة أمور:

- اختلاف انتشار المدارس بين الريف والمدن.
- حجم منطقة التفتيش.
- سهولة وسائل المواصلات.
- أهداف التفتيش على المستوى المحلي:

ويهدف التفتيش على المستوى المحلي من خلال عمله الى ما يلي:

توضيح كفاءة الهيئات في تولي الأنشطة المتدرجة تحت العناوين الآتية:

1. استيراتيجية الهيئة لتحسين المدارس.

2. تحسين المدارس.

3. الاحتياجات التعليمية الخاصة.

4. تشجيع الاشتراك الاجتماعي.

وتمثل هذه الوظائف الأساسية للهيئات التعليمية، وبالاضافة الى ذلك، فأن تأثير الوظائف التعليمية غير الأساسية التي تدعمها الهيئة في بداية كل عام والتعليم بعد سن (16) والتعليم المستمر، كل ذلك سيتم فحصه، مع الأحد في الاعتبار علاقتهم وتأثيرهم على التعليم المرحلي.

1. استيراتيجية الهيئة لتحسين المدارس:

سوف يتم فحص فحص عمل الهيئة في سياق وأداء مدارسها، بالاضافة الى ذلك فإن المفتشين سوف يقومون بالتدقيق في:

- عمل الهيئة لتنفيذ خطة التطوير والخطط الدستورية الأخرى، واجتماعات الخدمة المحلية العامة.
- كيفية إعطاء الأولوية لمواردها المستهدفة.
- جدية أدائها.

ويتم التركي على مجموعة من الخطوات هي:

- أداء المدارس.
- تشكيل المجلس وعمله.
- التمويل، وتشمل تنسيق التمويل الخارجي.
- سياسة الهيئات التعليمية لتحسين المدارس، ويتضمن خطة التطوير التعليمية.
- التقدم في تنفيذ استراتيجية الهيئات التعليمية لتحسين المدارس وتتضمن خطة التطوير.

- المدى الذي تضع فيه الهيئة الأولوية لمصادرها.
- المدى الذي تضع فيه العيئة استراتيجيات فاعلية للتحسين المستمر.

2. تحسين المدارس:

سوف تركز عملية التفتيش على دعم الهيئة التعليمية للمدارس، وعن طريق فحص متابعة الهيئات، والاعتراض، والتدخل، والمساعدات للمدارس، وتدقق عملية التفتيش على مجموعة من بيانات الأداء وتناول الهيئة لها، وإدارة الهيئة للمبادرات لزيادة الانجازات، وعملها تجاه المدارس التي تسبب قلقا للهيئة ونجاحها في تحقيق الادارة الذاتية والمستقلة للمدارس، وفيما يلي بعض الأمور التي سيتم مناقشتها:

- المدى الذي تحدد فيه المدارس، بحيث يكون التركيز على أقصى الاحتياجات.
- كفاءة عمل الهيئة في متابعة المدارس وتشجيعها على التحسن ويشتمل ذلك على استخدام بيانات الأداء.
- دقة تعريف الهيئة لأداء المدارس والتدخل فيها والمدى الذي عنده تنفيذ الهيئة بنجاح للاستراتيجيات القومية ليادة إنجازات الأطفال، ويتضمن ذلك:

1. معرفة القراءة والكتابة.
2. الحساب
3. تكنولوجيا المعلومات والاتصالات.
4. المدارس التي تواجه ظروفا قوية.
5. المدى الذي عنده تساعد الهيئة المدارس لرفع مستوى الأقلية العرقية والأطفال المتجولين ويشمل ذلك التوزيع الفعال للمنح.

- دعم الهيئة لادارة المدارس في توفير منح للاطفال الموهوبين.

- دعم الهيئة لادارة المدارس وجهودها لتحقيق أفضل القيم.
- دعم الهيئة لنظار المدارس.
- جودة خدمات الهيئة لدعم الادارة المدرسية وتشمل الخدمات المالية والموارد البشرية في إدارة المدارس.
- مدى نجاح الهيئة في ضمان كفاءة المدرسين وتوفيرهم.
- وسيتم الحكم تبعا للخدمات المقدمة لمساعدة تحسين المدراس وتشمل:

1. جودة إدارة الخدمات.
2. جودة توظيف العاملين.
3. جودة التخطيط الاستيراتيجي.
4. جودة أداء الخدمات.
5. خبرة العاملين.
6. جودة الخدمات لتحسين المدارس.
6. كمية الدعم اللازم للخدمات.

3. الاحتياجات التعليمية الخاصة:

سوف تركز هذه الجزئية من التفتيش على تطوير وتنفيذ سياسات واستراتيجيات الاحتياجات التعليمية الخاصة، وذلك لتماشيها مع الطالب الدستورية، وتحليل هذه الاحتياجات، ومراجعة نقاط الضعف والقوة الحالية، وتحديد أهداف الهيئات للتحسين ووضع الخطط والبرامج، وتحقيق ما يتضمن أفضل المبادئ الأساسية، وفيما يلي بعض الأمور التي سيتم فحصها:

- جودة استراتيجية الهيئة، من أجل الاحتياجات التعليمية الخاصة.
- كفاءة الهيئة في مقابلة الالتزامات الدستورية، فيما يخص الاحتياجات التعليمية الخاصة.
- كفاءة الهيئة في ممارسة وظائفها لتحسين المدارس.
- مدى ممارسة الهيئة لوظائفها لضمان الدعم المالي.

4. تشجيع الاشتراك الجماعي:

وتتناول هذه الجزئية من التفتيش مدى مطابقة المتطلبات الدستورية، بما فيها أفضل القيم لأشكال عمل الهيئة الخاصة بانتقال الأطفال الى المدارس، وتوفير المباني الدراسية الملائمة، ونجاح الهيئة في تشجيع الاشتراك الاجتماعي، ومقاومة العنصرية، وفيما يلي بعض الأمور التي سيتم فحصها:

- كفاءة الهيئة في تشجيع الاشتراك الاجتماعي.
- كفاءة الهيئة فيما يتعلق بتوفير الأماكن الدراسية.
- كفاءة الهيئة في تولي خطط إدارة العقارات.
- مطابقة الهيئة للمتطلبات الدستورية وتحقيق الاعتماد المالي.
- كفاءة الهيئة في مقاومة العنصرية.

أسولب عمل المفتشين على المستوى المحلي:

يتولى المفتشون على المستوى المحلي نوعين من المسئوليات:

- واجبات ومسئوليات تخصصية وهي متعلقة بالمادة ومعلميها في كل أنحاء الهيئة التعليمية.
- واجبات ومسئوليات عامة: وهي تختص بجميع المعلمين في حي أو منطقة محدودة من مناطق سلطات التعليم النحلية.

ووظيفة المفتشين على مستوى المحلي هي توفير مستوى تعليمي محلي فعال من خلال تطبيق السياسات التي توضع من قبل السلطة المركزية، بما يتناسب مع ظروف المدرسة وأوضاعها، وعلى ذلك فإلي جانب التفتيش الرسمي على مستوى الوطني، يوجد هناك التفتيش الرسمي مع النصائح التشاركية يمكن الوصول الى التطوير المطلوب، ومن هذا النسج المترابط بين نظام التفتيش على المستوى المركزي، والتفتيش على المستوى المحلي، لا يوجد هناك ازدواجية في نظام التفتيش، حيث أن طريقة عمل التفتيش على المستوى المركزي تعطى المفتشين

على المستوى المحلي الحرية للقيام بمهمتهم على خير وجه، وتشجعهم على الابتكار والتقدم، ولكن في نفس الوقت يقوم وزير الدولة للتعليم والعلوم بـإلزامهم بتنفيـذ مسئولياتهم إذا وجد مـنهم تقصيرا، وذلك بناء على نتائج التقرير الـذي يضعه نظام التفتيش على المستوى المركزي، والـذي يتناول جميع جوانب العملية التعليمية.

والاشراف المركزي على التعليم أمر مقيد في كل نظام ديمقراطي، وذلك لرسم السياسة العامة التي تكفل تحقيق الصالح العام، ومن خلال متابعة العملية التفتيشية، والتعرف على طريقـة عمل المفتشين وخطواته على المستوى الوطنى والمحلي والأشخاص الذين يتولون ذلك، فإن هـذه العمليـة مترابطة ومنظمة، حيث تعتمد كل مرحلة على المراحلة السابقة لها، بحيث يكون كل شـخص واعيـا تماما بدورة، ومعدا تمام الأعداد له، وهذا ينسجم مع طبيعة النظام التعليمي الانجليزي الـذي بنى على المركزية في وضع القوانين، كما أنه انعكاس لطبيعة المجتمـع، والـذي يـؤمن بالنظـام، وبتحديد الأدوار، ومن هنا تحددت معايير اختيار المفتشـين عـلى المستويين القومي والمحـلي وفـق معـايير واضحة ومحددة.

معايير اختيار المفتشين

إن التعيين في هذا المنصب الكبير يتم لاعتبارات سياسية وحزبية أكثر منها تربويـة مـن قبـل وزير التربية والعلوم، ورغم ذلك منذ استقلال جهاز التفتيش عـن وزارة التربيـة والعلـوم، ويشـغل رئاسة جهاز التفتيش شخص سبق له العمل في الحقل التفتيشي، وهو ذو خبرة تربوية.

1.   **معايير اختيار رئيس جهاز التفتيش:**

هناك مجموعة من الخصائص الضرورية لرئيس جهاز التفتيش فهو شخص:

—   يمتلك خصائص مهنية، وشخصية ضرورية لقيادة القضايا التعليمية من خلال الخدمات.

– يكون قادرا على تحفيز الفريق عن طريق عدد من المتغيرات المهمة.

– تقدير أهمية تطور العلاقات البناءة مع المدارس والكليات.

– خبرة حيوية وناجحة في مجال التدريس.

– سجل لإدارة ناجحة في مجال الخدمات التعليمية.

– مهارات القيادة مع القدرة على تحفيز زملائه ومساعدتهم.

– لديه معرفة جيدة بالفكر التعليمي الحالي.

– لديه الحساسية والتفاهم وأسلوب جيد للتعامل مع فئات مختلفة من الناس سوء داخل نطاق الخدمات التعليمية المقدمة أو خارجها.

2. **معايير اختيار المفتشين:**

هناك مجموعة من الاعتبارات والعوامل التي تراعي عند اختيار المرشحين للوظائف الاشرافية وتعيينهم وترقيتهم، ومن أهم معايير الاختيار ما يلي:

– أن يتراوح عمره عند التعيين ما بين 25-30 مع المراعاة الأقدمية.

– أن يكون حاصلا على مؤهل تربوي جامعي.

– خبرة في التدريس ما بين 4-6 سنوات.

– أن يتمتع بصحة جسدية ونفسية وعقلية جيدة.

– أن يتمتع بمهارة إدارة الأفراد، وتكون العلاقات الانسانية، والابتكار والاتصال.

3. **معايير اختيار المفتشين كاتب التقرير:**

نظرا للدور المهم الذي يقوم به المفتش المسجل، فإن معايير اختياره تتحدد فيما يلي:

– أن يكون عضوا متخصصا في إحدى فرق التفتيش المدرسية.

– أن يتمتع بالكفاءة المهنية وضبط النفس، والاستقرار، ويمتلك شخصية جذابة.

— أن يجتاز الامتحان المقرر ويجتاز فترة العمل تحت الاختبار.

4. **معايير اختيار المفتش المتخصص:**

نظرا لكون المفتش المتخصص ليس موظفا حكوميا تابعا لوزارة التربية والعلوم، فقد حـددت معايير اختياره بناء على ما يلي:

— أن يكون حاصلا على مؤهل جامعي في تخصيص من تخصصات المناهج الدراسية.

— أن يكون قد عمل في الحقل التربوي كمدرس، أو كمير مدرسة.

— أن يكون لديه القدرة على العمل التعاوني، وأن يكون ملما بالأمور التربوية.

— أن يكون متمتعا بالكفاءة المطلوبة للعمـل التفتيشي۔ مـن مهـمات التخطيط، والادارة والاتصال وإصدار الأحكام.

— اجتياز البرامج التدريبية المقررة من جهاز التفتيش الاداري.

5. **معايير اختيار المفتش غير المتخصص:**

لما كان التفتيش في إنجلترا يشترط اشتراك شخص غير متخصص في العملية التفتيشية لتحقيق الموضوعية، ولتمثيل وجهة نظر المجتمع، فقد حددت معايير المفتش غير المتخصص بما يلي:

— ألا يكون له علاقة بالمدرسة التي سيتم تفتيشها لا من قريب ولا من بعيد.

— ضرورة إجتياز فترة التدريب المقررة من قبل جهاز التفتيش بنجاح.

— أن تكون لديه خبرة تربوية كافية تمكنه مـن متابعة عمليات التفتيش وفهممها والمشاركة فيها والعمل على تحقيق أهدافها.

— أن يكون ذا اطلاع واسع، والمام كاف بأمور التربية واحتياجات المجتمع.

— أن تكون لديه القدرة على التفاعل، والنقد البناء، وإبداء وجهة نظر بموضوعية.

الاشراف التربوي في المملكة العربية السعودية

ترجع النهضة التعليمية الحديثة في المملكة العربية السعودية الى تأسيس الدولة السعودية الموحدة عام 1932، وقبل ذلك كانت توجد جهود تعليمية في البلاد قليلة ولكنها كانت غير منظمة، وبصدور وثيقة تطوير التعليم حيث تعتبر هي المرجع الأساس لكل ما يتعلق بالتعليم هي السعودية وهناك مجموعة من الأهداف الرئيسية أو العامة بالتعليم هي:

— هدف التعليم في المملكة العربية السعودية العمل على فهم الاسلام فهما صحيحا وغرس العقيدة الاسلامية وتربية الشئ على القيم والتقاليد الاسلامية، كذلك أكسابهم المعارف والمهارات المعرفية المختلفة لبناء المجتمع.

— طلب العلم فرض على كل فرد.

— تقرير حق الفتاة في التعليم لما يلائم طبيعتها.

— توجيه العلوم والمعارف التي تدرس وجهة إسلامية تكون مبثقه من الاسلام.

— اللغة العربية لغة التعليم في كافة المواد وفي جميع المراحل.

— التفاعل الواعي مع التطورات الحضارية العالمية في ميادين الثقافة والأدب وتوجيهها بما يعود على المجتمع بالخير والتقدم.

السياسة التعليمية والاشرافية التربوية

لقد حظت السياسة التعليمية في المملكة العربية السعودية بالكثير من الاهتمام والرعاية والتي أعتمدت على عدة مصادر منها القرآن الكريم والثقافة الاسلامية بالاضافة

الى مطالب التنمية المستهدفة والأوضاع الاجتماعية والاقتصادية وربطها بتطلبات العصر الحديث واتجاهاته المعاصرة والمستقبلية.

ركزت هذه السياسة التعليمية على بناء المواطن السعودي وتقويم سلوكه على شريعة الله سبحانه وتعالى حييث تقوم على مجموعة من المبادئ الآتية:

- **مبدأ الايمان:** وهو الايمان بالله رباً وبالاسلام دينا وبمحمد نبياً ورسولاً.
- **مبدأ الانسانية:** وهو يركز على صيانة كرامة الانسان والمحافظة عليها في جميع جوانبها الروحية والخلقية والفكرية والروحية والاجتماعية.
- **مبدأ العدل وتكافؤ الفرص التعليمية:** سواء كان إناثاً أو ذكوراً، أسوياء أو معاقين.
- **المبدأ العلمي:** ويركز على أهمية التفكير وتقدير العلماء والعلم وتشجيع روح البحث العلمي.
- **مبدأ التربية للعمل:** ويؤكد على اعداد المتعلمين للعمل، وترسيخ النظرة الايجابية نحو العمل.
- **مبدأ التربية للحياة:** حتى يكون الفرد لبنه صالحة في بناء أمة مع تزويده بالخبرات والمعلومات التي تؤهله ليكون عضوا فعالا في المجتمع.
- **مبدأ التربية للقوة والبناء:** حيث يركز على ضرورة تماسك المجتمع بقوة والاتجاه نحو البناء على أسس سليمة.
- **مبدأ التربية المتكاملة:** يركز على التعليم المستمر وتحقيق التوازن العولمة ومتطور.

- **مبدأ متابعة الفكر التربوي الحديث:** والانتفاع بالجهود العلمية في ميادينه مع تطوير البحوث العلمية والتربية.

- **مبدأ الأصالة والتجديد:** يركز على التمسك بالماضي مع الاستفادة بكل ما هو جديد وحديث.

وهذه المبادئ تقوم عليها السياسة التعليمية وتشكل في مجموعها موجهات العمل، فالادارة التعليمية وما تشمله من تربية وتعليم وإشراف وتوجيه تخضع لهذه المبادئ والتي تؤمن بها الدولة وتلتزم بها وتود أن تترجمها الى واقع في مؤسساتها التربوية.

وتنفيذاً لهذه السياسة التعليمية فقد تطورت حركة التعليم بشكل يعكس اهتمام الدولة بالتربية والتعليم حيث اهتمت الجهزة التعليمية بالتخطيط والتنظيم ومتابعة أمور التعليم ومن بينهما الادارة العامة للاشراف التربوي ودورها في التأكيد على سير العملية التعليمية والعمل على تطويرها، وقد حددت وزارة المعارف بعض الاختصاصات بعضها متعلق بالاشراف وتوزيع الخدمات التعليمية والميزانية والاشراف على تطبيق اللوائح ومتابعة الجهود المبذولة مما يكفل تنفيذ السياسة التعليمية، من الملاحظ أن هذه الاختصاصات تدور في نطاق النواحي الادارية والفنية مما يجعل معظم النواحي التربوية من صميم عمل المشرف التربوي بالاضافة لمساعدة المعلم على أداء عمله بكفاءة وفاعلية.

الاشراف التربوي في المملكة ينظر الى العمل في الميدان من منطلق من عدة مسلمات من أهمها التربية عملية وهي منظمة لها ضوابط وطرق خاصة ويقع الاشراف المباشر على التعليم على عاتق الادارات التعليمية، فتتمتع بدرجة كبيرة من حرية التصرف في شئونها التعليمية، في حدود قواعد عامة وصلاحيات وسلطات منحة لها من قبل الوزارة، ولا بد من التكامل بين ما هو نظري وتطبيقي، والمشرف التربوي قيادة تربوية، ولا بد من مواجهة الجديد في مجال

العلم، وإدراك قيمة تنشيط العمل وتنظيمه وتقويمه وأهمية استمرار التدريب لجميع العاملين.

وانطلاقا من السياسة التعليمية وأسس التعليم وأهدافه وغاياته وكذلك الاشراف التربوي كما يؤخذ في المملكة يمكن أن يتضح بعض المقومات الاشرافية:

1. الهدف الأساسي للاشراف التربوي هو تحسين العملية التعليمية والارتقاء بالخدمات التعليمية من أجل التلاميذ والمجتمع الذي يعيشون فيه.

2. يهتم المشرف التربوي بجميع عناصر العملية التعليمية والتفاعل معها.

3. يعتبر الاشراف التربوي مرجع علمي للمعلم يمكنه الرجوع إليه عند الحاجة، كما يجعل عمل المعلم أكثر فاعلية.

4. يهتم الاشراف التربوي باقيمة العقلية والتربوية والشخصية للفرد مع اتاحة الفرضة له بالمشاركة في اتخاذ القرارات التي تتعلق بالعملية التعليمية.

5. الاشراف التربوي عملية إرشادية لا إدارية، ديناميكية لا ثابته.

6. مراعاة الفروق الفردية واستثمار ذكاء الأفراد في رسم السياسات والخطط والأهداف المنشودة التي تسعى العملية التعليمية الى تحقيقها.

ومما سبق يتضح مدى العلاقة الوطيدة بين السياسة التعليمية والاشرافية التربوي وارتباط كل منهما بالآخر.

تطور الاشراف التربوي في المملكة العربية السعودية:

أهتمت القيادات التعليمية بالمملكة بالمتابعة والتقويم والاشراف منذ نشأت التعليم النظامي في المملكة أي منذ نشأتوزارة المعارف ولكنه لم يأخذ الاشراف الشكل النظامي الا مع بداية عام 1378/77هـ 1957م.

والاشراف التربوي في المملكة بعدة مراحل يمكن إنجازها كما يلي:

المرحلة الأولى: مفتش القسم والمفتش العام هـ (1957-1963م).

مع بداية العام الدراسي 1378/77هـ أدخلت وزارة المعارف " نظام تفتيش القسم" وكان يتم المتابعة في ثلاث زيارات لكل مدرسة الأولى للتوجيه والثانية لمعرفة عمل المعلم وتقويمه الثالثة لمعرفة أُره على طلابه، وفي عام 1378هـ أنشئ قسم للتفتيش العام وكان تابعا الادارة التعليم الابتدائي وعمل المفتش العام للقيام بزيارات سنوية وفق خطة تضعها إدارة التعليم الابتدائي.

المرحلة الثانية: (التفتيش الفني) (1963-1967م).

تغير مسمى التفتيش العام الى مسمى التفتيش الفني وتمثلت أعماله في توزيع المناهج ودراستها ومراجعة المقررات الدراسية وحصر الزيادة والنقص في الكتب والأدوات والمعامل والوسائل التعليمية وذلك للعمل على سداد النقص.

المرحلة الثالثة: (التوجيه التربوي) (1387-1975)م.

هي مرحلة تطور في المسمى والمهام لكل من الفتش وعملية التفتيش فتغير المسمى من التفتيش الفني الى التوجيه التربوي وتغيرت المهام بدلاً من تصيد الخطاء الى عملية ارشاد وتوجيه ووجود علاقات طيبة بين المعلمين والمشرفين وذلك للارتقاء بالعملية التعليمية والاستفادة من خبرات المشرف التربوي.

المرحلة الرابعة: (1976-1980م).

في هذه المرحلة شهد التوجيه التربوي تطورات هامة وأصدر وزير المعارف قراراً رقم 26/33 في (1396/9/10) والخاص بتنظيم عملية التوجيه من خلال الاجراءات الآتية:

أ. صنفت المناطق التعليمية طبقاً كثافة المدارس لأربعة فئات وهي:

- رياض الأطفال.
- التعليم الابتدائى مدته ست سنوات.
- التعليم المتوسط مدته ثلاث سنوات.

- التعليم الثانوي مدته ثلاث سنوات.

ب. حددت صفات شخصية للمشرف التربوي.

جـ حددت أسس ومعايير لاختيار المشرف التربوي.

المرحلة الخامسة الحالية (1401-1981) حتى الأن:

في هذه المرحلة حدث تطور في كجال الاشراف التربوي والتوجيه التربوي ومن هنا أصدر وزير المعارف القرار رقم (4811674) في 1401/6/10 هـ ويقضي بما يلي:

1. إنشاء إدارة عامة تسمي بالادارة العامة للتوجيه التربوي والتدريب.

2. ربط هذه الادارة بالوكيل المساعد لشئون التعليم.

ويتضح ما سبق أن الاشراف التربوي في مختلف مراحله يواكب السياسة التعليمية بالمملكة التي اهتمت بحركة الفكر العالمي والاهتمام بالانجازات العالمية وإظهار تقدم العلوم كثمرة لجهود الانسانية عامة.

ويستمد التعليم في المملكة العربية السعودية أصوله من الدستور الذي تؤمن به هذه البلاد ويسعى الاشراف التربوي الى تطبيق الشريعة الاسلامية وجعلها المصدر الساسي الذي يستمد منه غاياته وأهدافه وأسسه، لذلك حدد دليل العمل عدة أنواع من الزيارات الميدانية للمشرف التربوي، زيارة استطلاعية قبل بداية العام الدراسي وزيارة توجيهيه تقويمية خلال الدراسة وزيارات خاصة ويركز المشرف التربوي على الاجتماعات والتعاليم والنشرات مع توضيحها للمعلمين والتأكيد على تنفيذها، ونرى أن الاشراف التربوي في المملكة وممارسته محدودة في أنماطها وتقليدية في أدائها مع ظروف البيئة مما يفقد الأسس الاشرافية فعاليتها في تحقيق النمو المهني للعاملين في العقل التربوي.

أهداف الاشراف التربوي في المملكة العربية السعودية:

حدد دليل العمل في مكاتب التوجيه وكذلك اللوائح التي وضعتها وحددتها وزارة المعارف أهداف الاشراف التربوي في المملكة على النحو التالي:

1. مساعدة العاملين على إدراك أهداف التربية والتركيز علـى تنفيـذ بـرامج التعلـيم وذلك بتقديم التوجيه والارشاد.

2. ترسيخ القيم والاتجاهات التربوية وتحسـين الموقـف التعليمـي لصـالح التلاميـذ والارتقاء بمستوى المدرس وأدائه وضمان النمو المهني للمعلمين.

3. مساعدة المعلمين على تحديد المشكلات التـي تـواجههم ورسـم خطط للتغلـب عليها.

4. مساعدة المعلمين على تتبع البحوث النفسية والتربوية والاستفادة منها.

5. توجيه المعلمين الى الاستفادة من قدرات ومهارات تفيـدهم في عمليـة التـدريس والتشجيع على إظهارها واستخدامها.

6. يساعد على إدراك مشاكل النشء وحاجتهم إدراكاً واضحا وذلك كمحاولـة لحـل هذه المشاكل وإشباعاً لتلك الحاجات.

7. تدريب المعلمين على عملية التقويم الذاتي.

8. العمل على مساعدة المدرسة في تأدية رسالتها نحـو المجتمـع والعمـل علـى بـث روح الاعتزاز بمهنة التربية والتعليم.

9. تقويم النتائج التي أدت إليها جهود المعلمين بخصوص نمـو التلاميـذ في النـواحي الأخلاقية والنواحي العلمية.

ويلاحظ على هذه الهداف أنها مستمدة من السياسة التعليمية كما أنها تعرض الأطر العامة التي تحكم تحركات وتفاعلات وأدوار كل من يعمل في نظام الاشراف التربوي في المملكة .

تنظيم الاشراف التربوي في السعودية

أصدرت وزير المعارف قراراً يقتضي بإنشاء الادارة العامـة للتوجيـه التربـوي والتـدريب مـع ربطها بوكيل الوزارة المساعد لشئون المعلمين، وتتكون الادارة العامة للتوجيه التربوي والتدريب من إدارة التوجيه التربوي، وإدارة التدريب.

1. الادارة العامة للتوجيه التربوي والتدريب:

الموقع التنظيمي: ترتبط مباشرة بوكيل الوزارة المساعدة لشئون المعلمين ويتكون التنظيم الاداري والفني لجهاز التوجيه التربوي من:

— مدير عام التوجيه التربوي والتدريب.

— مدير التوجيه التربوي.

— الموجهون التربويين.

يتكون التنظيم الاداري والفني في المناطق التعليمية من:

— رئيس التوجيه التربوي والتدريب.

— الموجهون التربويين.

— موجه قطاع.

— الموجهين المختصين لجميع المواد.

مهام الادارة العامة للتوجيه والتدريب:

يصاحب هذا التنظيم مهام متفق من قبل الجهزة المعنية بالعمـل مـن أجـل التنظيـم ومـن هذه المهام:

— وضع اللوائح والقوانين الأساسية للمشـتغلين بـالاشراف والتـدريب مـع وضـع الخطـط اللازمة لتطوير قدرات المعلمين في هذا المجال.

— التعاون مع المؤسسات التعليمية، ومراكـز البحـوث والتـي تـربط وظـائفهم بوظـائف الادارة العامة للتوجيه والتدريب.

- تنظيم اللقاءات الدورية بين المشرفين في مختلف المناطق التعليمية مع تبادل الخبرات.
- إمداد الوزارة بإعداد من الموجهين من ذوي المستويات المتقدمة واختيار المشرفين التربويين والمسئولين على التدريب في الوزارة.
- بناء أساليب التقويم اللازمة للمشرفين وكذلك أدوات التقويم مثل البطاقات وتوزيعها وتطويرها بالاشتراك مع الجهات الأخرى.
- التعاون مع المؤسسات إجراء البحوث والدراسات العلمية وإقامة الندوات والعمل على نقل التجارب الناجحة.
- القيام بإجراء مقابلات شخصية للمرشحين للعمل والقيام بإعداد ميزانية الادارة.
- إعداد المشرفين التربويين في المناطق التعليمية.
- إبلاغ جهات الاختصاص في الوزارة عن تقارير زيارات المشرفين وملاحظاتهم.
- إعداد التقارير الدورية ورفعها للمسئولين في الوزارة وتنظيم المعلومات الخاصة بالادارة وحفظها.

ب. إدارة التوجيه التربوي:

ومن حيث الموقع التنظيمي ترتبط بمدير عام التوجيه والتدريب وتهدف الى:

رفع المستوى العلمي ورصد الواقع التربوي والعمل على الارتقاء بستوى وأداء المعلمين والمشرفين التربويين ودراسة المنهج والكتاب المدرسي والوسائل بما يتلائم مع التطورات الحديثة ومن مهامها الأساسية:

- التعاون مع رؤساء التوجيه التربوي لرسم الخطط والتوجيهات الضرورية لتحقيق الأهداف.

— متابعة أعمال المشرفين وتقويمهم والنظر في ضوء ذلك مع مدير التعليم مـن للاستمرار في الاشراف التربوي أو عدمه.

— دراسـة التقاريـر الصـادرة مـن المنـاطق وإبـداء الملاحظـات حولهـا ورفعهـا لجهـات الاختصاص.

— معرفة النقص في المشرفين في العمل والمحاولة لسد هذا النقص مـع المشـاركة في إعـداد البرامج التدريبية.

— متابعة سير الدراسة والتأكيد من حصول المدارس على حاجاتهـا مـن المعلمـين والكتـب والوسائل.

— إعـداد الدراسـات والبحـوث التـي تفيـد جميـع العـاملين في الميـدان وإعـداد التقاريـر الدورية عن نشاط سير إدارة التوجيه لمدير عام التوجيه التربوي والتدريب.

جـ إدارة التدريب:

وترتبط بمدير عـام الادارة العامـة للتوجيـه التربـوي والتدريب وتهـدف الى تنميـة مهـارات وقدرات المعلمين والموجهين وجميع مستوى جهاز

— مبدأ الجدارة.

— مركزية التوظيف.

— تصنيف الوظائف.

ومن هنا يجب أن يكون اختيار المشرف خاضع للضبط والدقة حتى يصل الى هذا العمل إلا إذا كان قادراً على إحداث التطور المطلوب.

1. الصفات والخصائص الشخصية الواجب توافرها في المشرف التربوي:

— التحليل بالخلاق وقوة الشخصية والقدرة على التأثير في الآخرين، واحترام آراء الآخـرين والقدرة على الاشراف والتوجيه.

— تمتعه بالعلاقات الانسانية الايجابية مع حسن التعامل مع زملائه من المدرسين.

— المظهر المناسب بجانب اللياقة الصحية.

— القدرة على انجاز القرار التربوي الحكيم والقدرة على الابتكار والتجديد.

— جودة التقديرات الفنية للمدرسين والادارة لوكلاء المدارس.

2. الأسس والقواعد التربوية لاختيار المشرف التربوي:

وبعد أن لاحظت وازرة المعارف أن إدارات التعليم تعتمد الى تكليف مشرفين للمدارس خلفاً لآخرين ينقلون أو يحولون إلى أعمال أخرى متخذ من أقدمية الموجودين منطقاً وأساساً للترشيح دون مراعاة لأمور أخرى قد تكون أهم من الأقدمية وبمجرد مباشرة المرشح لعملية الجديد تطلب المنطقة من وظيفته السابقة الى الوظيفة الحالية قبل أن يمر بمجموعة من الاختبارات والتدريبات التي تساعده على اكتساب المهارة اللازمة لتلك الوظيفة الجديدة ومن أهم الشروط التي يجب توافرها في المشرف التربوي عند اختياره ما يلي:

— حصوله على الشهادة الجامعية مع خدمة تربوية لا تقل عن أربع سنوات منها ثلاث على الأقل في التدريس ثبت فيها نجاحه.

— أن يكون متخصصا في المادة التي يقوم بالاشراف عليها.

— أن تتوافر لديه القدرة على تقويم مدرسي مادته وتلاميذهم.

— ألا يقل تقدير في السنوات الأخيرة عن جيدا جداً.

— القدرة على الابتكار والتجديد والقدرة على المساهمة في تطوير الأبحاث التربوية في المنطقة وأن يكون مطلعا عما هو جديد.

وهناك استمارة يقوم بها كل من يريد الالتحاق بالاشراف التربوي حيث يملئها كل من يعتقد أنه تنطبق عليه الشروط ثم يرسلها للوزارة الى إدارة التوجيه التربوي فيتم تحديد مقابلة شخصية يتم عن طريقها الاختيار.

يتضح من ذلك أن عملية اختيار المشرفين التربويين تتم في ضوء أسس ومعيار تمثل في جوهرها خبراته السابقة في التدريس والعمل المدرسي بشكل عام.

3. المهارات التربوية الواجب توافرها في المشرف التربوي:

- القدرة القيادية للمعلمين التعليمية والتي تعتمد على خبرته وسعة اطلاعه.

القدرة على تحليل المشاكل التي تعرضه أثناء العمل والعمل على حلها في ضوء الامكانيات المتاحة.

- القدرة على اختيار العاملين في الحقل التربوي والتعليمي.

- مهارة تصميم المناهج واختيارها بما يتناسب مع التغيرات المجتمع.

- تحسين العملية التعليمية وتدريب العاملين لمسايرة التقدم العلمي وتطوير المناهج.

- مهارات الاتصال والقدرة على التأثير في الآخرين واحترام آراء الاخرين والمشاركة في اتخاذ القرار.

- القدرة على كتابة التقارير.

- مهارة التعامل المؤثرات الثقافية والقيم السائدة في المجتمع.

- القدرة على التفاوض مع السلطات التعليمية والمحلية وتوجيه النصح وإمدادهم بالمعلومات اللازمة.

- القدرة على التقويم لكل من يخضع تحت إشرافه واستخدام المقاييس العلمية الحديثة.

- التمتع بطلاقة اللسان وحسن التعبير والحنكة وحسن التصرف.

— القدرة على الاتزان العاطفي والنضج العقلي والتحليل المنطقي.

4. طرق اختيار المشرفين التربويين:

وتشير الأدبيات التربوية الى أن هناك عدة إجراءات لاختيار المشرفين التربويين.

1. الاستقطاب:

يعني البحث عن الأفراد الصالحين لشغل الوظائف الشاغر واختيار الأفضل منهم وينقسم أنظمة الاستقطاب والتعيين الى:

الانظمة المغلقة للاستقطاب:

فيتضمن عادة امتحانات قبول صعبة ومقبلات مركزة ومراكز التقييم والشهادات الأكاديمية وغالباً ما يتم التعيين بواسطة مؤسسات معينة في قطاع التعليم العالي أو التدريب.

الأنظمة المرنة للاستقطاب:

هذا النظام أكثر، انفتاحاً في استقطاب القوة العاملة بالخدمة المدينة بتطبيق الممارسات المرنة واللامركزية بل والتي تتحكم فيها السوق أحياناً على الرغم من استقطاب واختيار العناصر المميزة للعمل في حقل الاشراف التربوي إلا أت التركيز في الاختيار المطبق لا يزال يركز على الخبرة والمؤهل، كما أن هذا الاختيار لا يسبقه إعداد أو تهيئة للعمل الجديد في كثير من الأحيان والنظرة التحليلية للمعايير الموضوعية لاختيار المشرفين التربويين توضيح الآتي:

— ليس هناك إختيار علمية تكشف عن قدرات واستعدادات المشرفين.

— ليس هناك إعداد وتدريب مسبق لمرشحوا الوظائف الاشرافية.

— هناك تطبيق للاستقطاب المرن في القرى بحيث يتم التنازل عن بعض شروط الاختيار ولكن لا يتبعه تدريب أو تطوير.

— يكون الاختيار انتقائيا ولا يعتمد على أسلوب علمي.

- يتم التنقل في مستويات الوظيفة من دون تدريب أو إعداد وقد تكون سنوات الخبرة قليلة.
- معايير الاختيار المطبقة حالياً لا تضمن نجاح المشرفين التربويين في عملهم.
- لا يمكن التأكد من توافر الكفاءات اللازمة الاشراف التربوي في المرشحين في ظل الواقع الحالي لعملية الاختيار.

بناء على ذلك يمكن القول أن معايير اختيار المشرفين التربويين الحالية ترك على المؤهل والخبرة وإجتياز المقابلة الشخصية ولا تركز على الاختيار الانتقائي لأفضل العناصر الاشرافية نظراً لندرة تطبيق الاختيارات أو إعدادها جيداً من قبل المتخصصين في المجال التربوي.

6. وظائف المشرف التربوي ومسئولياته:

يتم عرض وظائف المشرف التربوي طبقا لاختلاف صيغة العمل كالتالي:

1. الوظائف التخطيطية للمشرف التربوي:

- وضع خطة العمل على أسس علمية سليمة.
- التخطيط للزيارات الصيفية وتوضيح الهدف من تلك الزيارات.
- مساعدة المعلمين على الكشف على الصعوبات التي تواجه التلاميذ ومحاولة التغلب عليها.
- توجيه المعلمين لمعرفة القدرات الابداعية لدى التلاميذ.
- الاجتماع بالمعلمين مرتين في العام على الأقل باتنسيق مع موجه المادة والموجه الأول للتشاور في أمور المواد.
- الاشراف على المناهج المقررة وتوزيعها على فصل العام الدراسي.

ب. الوظائف التنظيمية للمشرف التربوي:

- توضيح الأهداف التربوية وكيفية تحقيقها.

- مساعدة المعلم على الاطلاع على ما هو حديث وكيفية الاستفادة منه.
- الاهتمام بالأنشطة المدرسية وحث المعلمين على أهمية النشاط المدرسي والعمل على تحقيق أهدافها.
- حصر الوسائل التعليمية من خرائط أو شرائح أو عينات أو لوحات تعليمية ومعرفة مقدار العجز والزيادة والارشاد والتوجيه الى كيفية الاستخدام.
- توجيه المعلمين الى دراسة المناهج المقررة وتحليلها بقصد تحديد الوسائل التعليمية التي يحتاج اليها.
- الاطلاع على اللوائح والقوانين والتعاليم المتصلة بالمادة والتأكيد على إطلاع المعلمين عليها ومتابعة تنفيذها.
- توجيه المعلمين لضرورة المشاركة في البرامج المختلفة والاشراف عليها مثل برامج الاذاعة المدرسية، الصحف، وتوجيهها لخدمة المادة.
- حصر مدى العجز أو الزيادة في أعضاء هيئة التدريس.
- المشاركة في البرامج التدريبية للمعلمين.
- القيام بأعمال الامتحانات والنقابلات.
- تقويم المناهج والكتب الدراسية في الجوانب الآتية (موضوعتها، سلامة أفكارها ودقتها وحداثتها وملائمتها لنمو التلاميذ).

جـ الوظائف التدريبية والتطورية:

- تدريب المعلمين على ضرورة استخدام الوسائل التعليمية الحديثة والخاصة بالمادة وتشغيل أجهزتها.
- توجيه المعلمين نحو الاطلاع في المراجع العلمية الخاصة بمادة تخصصهم وعدم الاكتفاء بالكتاب المدرسي.

- تكليف بعض المعلمين ذوي الخبرة والكفاءة بتنفيذ نماذج لبعض الـدروس تسـمى بـ الدروس النموذجية وذلك لتبادل الخبرات.

- التشجيع على الاشتراك في الدورات التدريبية وأهمية التدريب المستمر.

- الاشراف على تنفيذ الدورات التدريبية.

د. الوظائف التقويمية للمشرف التربوي:

- متابعة تنفيذ المناهج بما يساعد عـلى تحقيـق الأهـداف المنشـودة مـن قبل السياسـة التعليمية والتربوية.

- دراسة نتائج اختبارات العام السابق ومعرفة نـواحي القصـور والعجـز والعمـل عـلى علاجها في المستقبل.

- تقـويم المعلمـين في ضـوء الزيارات الصـيفية كـل معلـم عـلى حـدة والاطلاع عـلى التوجيهات الخاصة للاستفادة منها مستقبلا.

- مناقشة السلبيات والايجابيات الموجـودة في واقع الحقل التعليمـي والاستفادة مـن الايجابيات ومحاولة القضاء على السلبيات.

- الاستفادة من طرق التدريس المتطورة بقدر الامكان في ضوء الواقع المعاصر.

ومما سبق يتضح أن الاشراف التربـوي الجيد يعتمد عـلى التفاعـل بـين المشرفين التربويين والمعلمين والتلاميذ بهدف التوجيه والاشراف عليهم وإرشاد المعلمين للطرق السليمة لأداء مهـام التعليمية بكل كفاءة وفعالية بشكل ينعكس على التلاميذ وعلى مستوى تحصيلهم الدراسي.

6. وظائف مشرف الادارة المدرسية:

1. الوظائف التخطيطية للمشرف الاداري:

- عقد اجتماعـات ولقـاءات دوريـة مـع مـدير المدرسـة والادارات لمناقشـة اللـوائح والتعليمات المنظمة للعمل داخل المدرسة.

- الاشتراط في المقابلات الشخصية للمرشحين للاعمال القيادية كمـدير أو مسـاعد أو أي عمل إداري يتطلب ذلك.

- حضور جميع الاجتماعات الدورية الخاصة بالعمل سواء مـع مـدير التوجيـه العـام أو الموجه الأول والتخطيط لهذه الاجتماعات.

ب. الوظائف التدريبية والتطورية للمشرف التربوي:

- الاشراف على النواحي المالية وتوجيها.

- عرض المشكلات الخاصة بالمدارس ووضع الحلول المناسبة لدراستها مع مـدير التوجيـه التربوي والمجهين المتخصصين.

- الاشراف على نظافة المدرسة والاستخدام الأمثل للمباني المدرسـية والمرافـق العامـة مـن قبل مديري المدارس.

- الاحتفاظ بيانات عامة تشمل مسح المدارس التابعة لها موضحة العجز والزيادة.

- رفع تقارير شهرية عن صلاحية المباني والمرافق العامة واحتياجها صـيانة أو تصـليح أو خلافه.

جـ الوظائف التدريبية والتطورية للمشرف التربوي:

- الإلمام بالتطورات والتجديدات التربوية الحديثة.

- توجيه العاملين للاستفادة منها في رفع العملية التعليمية.

- متابعـة الأعمال الادارية ونشـاط الاداريـين والاشراف علـيهم وعلـى ملفـات المعلمـين والتلاميذ وكيفية العناية بها.

- الاشراف على سير الدراسة ومتبعة الدوام الدراسي للعاملين والتلاميـذ وتطبيـق القـوانين الادارية الخاصة.

- القيام بإجراء جميع التحقيقات التي تحال من مدير التوجيه.

— عرض المشكلات الخاصة بالمدرسة ووضع الحلول المناسبة بالاشتراك مع مدير التوجيه والموجهين المتخصصين.

— المشاركة في اعداد التقارير السنوي الشامل للمدارس مع الموجه الأول.

يمكن ملاحظة أن تركيز الوظائف السابقة للمشرف التربوي على مهام تخطيطية وتنظيمية وتطويرية وتقويمية، تشمل على عقد الاجتماعات الدورية ومناقشة اللوائح والقوانيين والاشتراك في لجان اختيار القيادات التربوية واقتراح الدورات التدريبية اللازمة للهيئة الادارية وعرض المشكلات الخاصة بالمدارس والقيام بالتحقيقات اللازمة واقتراح الحلول المناسبة.

على الرغم من تطور الاشراف التربوي وانتقاله من مرحلة التفتيش ثم التوجيه ثم الاشراف والتي يتسم بالشمولية والعمومية والعمق إلا أن هذا التطور لم يصاحبه دور في مهام المشرف التربوي ومسئولياته فهي نفس المهام التي كانت مطلوبة منه عندما كان موجه، فعندما تغير المسمى من التوجيه الى الإشراف فلم يتغير مسمى الموجه الى المشرف وكذلك لم يصاحي هذا التغيير دورات تدريبية مما جعل قيادة المشرف التربوي مصاحب بالوهن والبعد عن المستجدات التربوية الحديثة.

التدريب في الاشراف التربوي بالمملكة العربية السعودية.

للدورات التدريبية أهمية للمشرف التربوي فهي تزويده بالجديد حول الاشراف وذلك للاطلاع على الأساليب الحديثة ورغم ذلك يعاني المشرف في المملكة العربية السعودية من قلة الدورات التدريبية وتبني هذه البرامج التدريبية بناء على الاحتياجات الفعلية وتؤكد على الحاجة لوجود خطة سنوية تتصف بالموضوعية والدقة ويتم على أسسها تصميم البرامج التدريبية وعليه فإن الخطة الميدانية تقوم بإعداد خطة عامة سنوية للتدريب مبينة على الخطط التي ترد إليها من الجهات الحكومية وتتضمن ما يأتي:

خطة التدريب: (اسم البرنامج-أسلوب التدريب-مستوى التدريب-مكان التدريب-أهداف التدريب-ضوابط إعداد خطة التدريب).

خطوات إعداد الخطة: يقوم المسئول بإعداد خطة التدريب وإرسالها لمديري الادارات ورؤساء الأقسام.

ولا تزيد اللقاءات في مجال التدريب أكثر من كونه أياما قليلة حيث يجتمع المشرفون من كافة المستويات العاملة بالوزارة مع المشرفين بالادارات الفعلية والمرشحين لهذه الوظيفة ومن ثم تلك الأيام القليلة لا تتناسب مع تحقيق مستوى متقدم من التأهيل المهني والعلمي لشاغل هذه الوظيفة مما يعني الحاجة لمزيد من العناية لتدريب المشرفين.

وحددت الوزارة متطلبات لشاغل وظيفة المدرب: كالتالي:

— معرفة الأسس والمفاهيم الخاصة بعملية التدريب.

— معرفة طرق وأساليب التدريب.

— القدرة على ايصال المعلومات التي تزيد من مهارات وقدرات المتدربين.

— القدرة على التأثير في الآخرين وإقامة علاقات عمل فعالة والمحافظة عليها.

— القدرة على تقويم المتدربين ونتائج اختباراتهم وكتابة التقارير عنهم.

— معرفة الدوات والأجهزة المستعملة في تدريب المتدربين.

— نواحي القوة والضعف لنظام اختيار وتدريب المشرفين التربويين في المملكة العربية السعودية.

1. نواحي القوة.

يتميز النظام الحالي لاختيار وتدريب المشرفين التربويين بنواحي القوة كالآتي:

— اختيار المشرفين التربويين يقوم على أساس كفاءتهم العملية والتمسك بتعاليم الدين الاسلامي والقدوة الحسنة.

- الجدية في العمل والالتزام بالأنظمة واللوائح المنظمة للعمل.

- التركيز على الأفراد ذوي الخبرات في التدريس والادارة المدرسية.

- اعتماد أسلوب الندب في بعض مكاتب الاشراف التربوي للمرشح قبل التعيين.

- التركيز على تقارير أداء المشرفين التربويين.

- الاهتمام بالمقابلة الشخصية التي يتم من خلالها الكشف على مدى قدرة المرشح للاشراف التربوي من القيام بمهامها المستقبلية.

- حرص بعض المناطق على تنفيذ دورات تدريبية للمستجدين من المشرفين التربويين.

- العمل على تقويم المشرف التربوي ومدى إتقانه وكفاءته في المتابعة والاشراف وإعداد التقارير بالاضافة لسجلاته وأدواته.

ب. جوانب الضعف:

- مازال التفتيش والبحث عن الأخطاء هو السائد في الاشراف التربوي.

- نمطية الأداء للمشرف التربوي نتيجة لجمود المناهج وسوء بعض المباني وزيارة إعداد المعلمين والنقض في عدد المشرفين التربويين مما يؤثر بالسلب على أداء المشرف التربوي.

- هناك قصور في تدريب المشرف التربوي مما يجعله بعيدا كل البعد عن المستحدثات الجديدة والتطورات الحديثة.

- كثرة المهام المسندة الى المشرف التربوي.

- العجز في أعضاء هيئة التدريس.

- العجز الشديد في الامكانات التقنية وأدوات الاتصال الفعالة التي تسهل الحصول على المعلومات وتداولها لتحديد الاحتياجات التدريبية.

- ندرة الامكانات البشرية المدربة على تحديد الاحتياجات التدريبية.

- أغلب البرامج التدريبية المنفذة خاصة بالمعلمين.
- توقف صرف ميزانية لمراكز التدريب.
- طلب الاستشارة من المتخصصين بدون مقابل مادي.
- عدم توافر القاعات اللازمة لعملية التدريب.

تقوم المشرف التربوي المتدرب في البرامج غير المعتمدة يتم عن طريق شهادة حضور فقط دون أن يكون هناك امتحانات أو متابعة عمل بعد العودة إليه.

الاشراف التربوي في الاردن

تطور الاشراف التربوي في المملكة الأردنية الهاشمية عبر مراحل ثلاث تباين خلال مفهوم الاشراف التربوي كما تباينت أهدافه وأساليبه فانتقل الاهتمام من توجيه النقد الى المعلم باعتباره هو المسئول الأول والوحيد عن الواقع التعليمي الى توجيه الاهتمام الى كافة العوامل المؤثرة في الموقف التعليمي، وما يرتبط من الأهداف واختيار المشرفين التربويين وتدريبهم وأساليب الاشراف.

مراحل تطور الاشراف التربوي:

لقد مر الاشراف التربوي في الأردن بمجموعة من المراحل، وخلال تلك المراحل كان هناك المبررات لاستخدام الاشراف ومميزات لكل مرحلة.

1. مرحلة التفتيش (1921-1962)

كان الاشراف التربوي مفهوما في هذه الفترة تفتيشا بالمعني الحرفي لهذه الكلمة، ولا عجب في ذلك، فالمفتشون كانوا غير مؤهلين تربويا، وكان هدف التفتيش في هذه المرحلة هو تصيد الأخطاء لدى المعلمين هذا فضلا عن مناهج ومراجعة نتائج الامتحانات ومشكلات المدارس وكان المفتش يقوم بتصيد الأخطاء للمعلمين وتوجيه اللوم والعقاب للمقصر منهم.

ومن أهم الأعمال التي يقوم بها المفتش في تلك المرحلة ما يلي:

1. مراجعة تطبيق قوانين التعليم ونظمه ومناهجه.

2. مراقبة كيفية التدريس وحالة المدرسة ودرجة نظامها.

3. ملاحظة المواقف التي تظهر في عمل المدير زكتابة تقرير عن ذلك يرفع لمدير المعارف.

4. التعرف على قدره المدير والمعلم.

5. التفتيش على المدارس الخاصة ومراقبة التدريس فيها ومراقبة المقاصد السياسة وما يبثه المعلمون من أفكار وكتابة ذلك في تقريره.

6. تقديم تقريرا في كل من شهر يناير ويونيو، يبين فيه الوسائل التدريسية المتبعة وقدرة الأهالي على مساعدة إدارة المعارف.

7. مراقبة الطعام الذي يقدم للتلاميذ في المدارس الليلية أيضا.

ويتضح مما سبق أن مهام المفتشين في هذه المرحلة كانت متعددة وكان القانون لا يشترط أي مؤهلات علمية أو تربوية في التفتيش، أما عن الأساليب المتبعة في هذه المرحلة فكانت الزيارة الصفية، وكان هو الأسلوب الوحيد المستخدم في هذه المرحلة وكان المفتش يلاحظ أساليب لمختلف المواد في داخل غرفة الصف، وفي نطاق الاهتمام بالمناهج كان المفتش يتابع المدارس التى تهتم بطلب الكتب المقررة وتلك التي لا تهتم بذلك، كما كان يتابع القضايا الادارية والدوام المدرسي والأثاث ونظافة المدرسة وسجلات وحركة العمل داخل المدارس ومدى التزامها بالقواعد والقوانين واللوائح التي تضعها الحكومة.

مميزات مرحلة التفتيش

وأهم ما يميز هذه المرحلة ما يلي:

1. يتحرى المفتش نقاط الضعف عند المعلمين.

2. يتوقف نجاح المعلم أو فشلة من وجهة نظر المفتش على حفظ الطلاب لمادة الدراسية.

3. يهمل المفتشون إيجابيات المعلم ونقاط قوته وتميزه.

4. لا يقدم المفتش أي مساعدة للمعلم.

5. كانت عملية التخطيط مفقودة عند المفتشين.

6. يتحكم في كتابة التقرير الذاتي، فالمفتش هو القادر على ابراز أية معلومات يريدها أو اغفالها لعدم وجود نموذج كحدد وموحد لتقارير المفتشين.

ب. مرحلة التوجيه التربوي (1962-1975):

كان الوضع الاقتصادي السائد في الردن قبل عام 1950 سيئا فلم يتوفر المال اللازم للمشاريع الزراعية ولم يتوفر الآلات الزراعية الحديثة، وكانت الزراعة بدائية وكانت الواردات تزيد على الصادرات بنسبة عالية، وكانت هناك العديد من العوامل الاجتماعية التى ساعدت في عدم تطور التعليم وذلك نتيجة للاستعمار الذي قام باستغلال البلاد.

أدت الوحدة بين الضفة الغربية والضفة الشرقية في 24 نيسان (إبريل) 1950 الى تغيرات جذرية في الحياة السياسية والثقافية في الأردن فقد جمعت بين شعبين مختلفين في التجارب الحضارية والاجتماعية التي مر بها شعب الضفة الغربية خلال 27 عاما في ظل الاحتلال البريطاني وهو ما لم يتعرض له الشعب الأردني في شرق الأردن.

وتغير الاقتصاد الردني من اقتصاد مكون من صغار المنتجين الى اقتصاد احتلت فيه الشركات الكبيرة مركزا مسيطرا، وقد ساعد الاستقرار السياسي والنمو الاقتصادي، وفتح ميناء العقبة الى انتعاش الاقتصاد والحياة الاجتماعية داخل الأردن مما ساعد على التوسع في التعليم.

وتأسست جامعة وطنية في عمان وظهرت ترتيبات جديدة لتدريب المعلمين من أجل إعداد معلمين أكثر كفاية وذلك لمقابلة الأعداد المتزايدة من الطلاب الذين تم قبولهم في المراحل التعليمية المختلفة.

-وظهر المفهوم الجديد للاشراف التربوي.

بالتوجيه الفني وكان من مهام الموجه التربوي في تلك المرحلة ما يلي:

مهام الموجه التربوي الفني

حددت وزارة التربية والتعليم الأردني مهام الموجه التربوي فيما يلي:

1. مساعدة المعلمين في نواحي الفنية عن طريق التوجيه القائم على الاحترام المتبادل.

2. متبعة سير العملية التعليمية وتطبيق المنهج.

3. ملاحظة البيئة الصفية وتقويم العملية التربوية في مادة اختصاصه.

4. تشجيع المعلمين على النمو العلمي والمهني.

5. تزويد المعلمين بقوائم المراجع النافعة وتعريفهم بها وتزويدهم بالكتب العلمية.

مهام الموجه التربوية الادارية

— -تقديم التقارير اللازمة عن الحوال المدرسة من حيث الادارة والمعلمين والطلاب.

— التأكيد من وجود مجلس ضبط ومجلس معلمين في كل مدرسة.

— مراقبة تنفيذ وتطبيق القوانين والقرارات الوزارية الصادرة الى المدارس.

— الاشراف في اختيار المعلمين والمعلمات.

- تعريف مديرية التربية والتعليم بالمعلمين والمديرين الذين يستطعون تحمل المسئولية بشكل أكثر والذين ينبغي إعفائهم من مسئولياتهم مع التعليل.

أسس اختيار الموجهين في مرحلة التوجيه التربوي

هناك مجموعة من الأسس التى يجب توافرها في الموجهين وهي:

1. أن يكون الموجه حاصلا على مؤهل جامعي.
2. أن يكون لديه خبره في التعليم لا تقل عن خمسة سنوات.
3. يفضل من يحمل مؤهلا متخصصا بالاضافة الى المؤهل الجامعي.
4. أن يكون الموجه لديه السمات الشخصية والقدرة على تحمل المسئولية.

وممارسات الموجهين التربويين في هذه المرحلة ظلت متأثرة بمفاهيم وممارسات التفتيش وظلت الزيارة أسلوبا شائعا يبحث الموجه من خلاله عـن أخطـاء المعلمين الأمر الـذي أبقـي عـلى سلبية اتجاهات المعلمين نحو التوجيه التربوي.

جـ مرحلة الاشراف التربوي (1975-2003):

شهدت المملكة الأردنية في تلك المرحلة تطور ملحوظـة في كافـة نواحي الحيـاة الاقتصادية والاجتماعية والثقافية مما أنعكس بدوره على التربية والتعليم وقد تبـع ذلـك تغـير هـدف الاشراف التربوي في الأردن وتعديل هدف التربية فيه فأصبح من أهم الأهداف ما يلي:

1. تحقيق النمو الجسمي والفعلي والاجتماعي والعاطفي والروحي لتلاميذ.
2. إعداد الطاقات البشرية التي يحتاجها المجتمع الاردني في تطوره الحضاري ومرحلة المجتمع الصناعي.

3. إعداد ما يتمشى مع ميول الطلاب واستعدادهم وقدراتهم من ناحية ويتمشى مـن ناحية أخرى مع الحاجات القائمة والمنتظرة للمجتمع الأردني.

4. وبتغير أهداف التربيـة في الأردن تغيـرت أهـداف الاشراف التربوي وأدى ذلـك الى تطور مهام المشرف التربوي ووظائفه من مهامات إدارية الى مهمات فنية وإداريـة معا الى مهمات فنية بحتة، تهدف الى تحسين العملية التعليمية، ذات العلاقة بكل من الطالب والمعلم والمدير والمنهج والمدرسة والمجتمع والبحث التربوي.

والاشراف التربوي مفهوم حديثا نسبيا، وقد حدث تطورا فيه نتيجة للأبحاث والدراسات وقد تمثلت مجموعة التغيرات التي حدثت في أنماط العلاقات بين التوجيه والاشراف التربوي علـى النحـو الآتي:

— تحول التوجيه من تفتيش ورقابة الى نصح وتوجيه.

— تحويله من تقويم نقدي من جانب واحد الى مشاركة في التقويم.

— من علاقة تسلطية الى زمالة وممارسة الديمقراطية.

— من اعطاء تعليمات من جانب واحد الى تشجيع التجديد.

— من التقويم المتقطع الى التدريب المستمر أثناء الخدمة.

ولما كان الاشراف التربوي هو نشاط تشاركي يقوم به المشرف التربوي ويقصد منه خدمـة المعلمين ومن له علاقة بعملهم ومن أجل الارتقاء بمستوى المعلـم المهنـي ورفع كفاءتـه التعليميـة وتحسين الموقف التعليمي وأصبح للمشرف التربوي مهام متعددة ومتنوعـة، حيـث أصبح المشرف يهدف الى تحقيق التعاون والتشارك مع المعلم داخل حجرة الدراسة وذلك بهدف تقـويم العمليـة التعليمية للتعرف على كافة نواحي العملية التعليمية بما يتناسب مع التغيرات العالمية التي تتصف بالسرعة.

الهيكل التنظيمي للاشراف التربوي في الأردن

نلاحظ من خلال الهيكل التنظيمي أن تغيرا قد حدث على وزاره التربية والتعليم، فالأمين العام للوزارة يساعده عدد من المساعدين لتسيير أعمال وزاره التربية في المركز، كما يتبع مساعد الأمين العام للشئون الفنية عدد من المديرات في الوزارة يتولي الاشراف على حسن عملها مديرية التأهيل والاشراف التربوي ويرأس هذه المديرية مدير التأهيل والاشراف التربوي ويتبعها عدد من الأقسام من ضمنها قسم الاشراف التربوي في الوزارة الذي يرأسه رئيس قسم الاشراف التربوي في الوزارة ويتابع بدوره أعمال أعضاء الاشراف التربوي وعددهم خمسة أعضاء هم عضو اللغة الاتجليزية وعضو اللغة العربية وعضو الرياضيات وعضو العلوم وعضو الاجتماعيات ومن أهم مهام القسم تنسيق جهود المشرفين التربويين في الميدان وتنميتهم علميا وتربويا.

وفي ميدان العمل يقوم مديرا التربية والتعليم في المحافظات كذلك بالأعمال دون مباشرة أمين عام الوزارة ويتبع مدير التربية مديران: أحدهما مدير إداري والآخر مدير فني ويتبع كلا منهما عدد من أقسام المديرية ويعتبر قسم الاشراف التربوي تابع للمدير الفني والذي يتولى إدارته ورئاسته رئيس قسم الاشراف التربوي في المديرية وهو يقوم بمتابعة أعمال مشرفي المبحث ومشرفي المرحلة الابتدائية من أجل التأكيد من قيامهم بأعمالهم على أحسن وجه.

1. معايير اختيار المشرفين التربويين في المملكة الأردنية الهاشمية:

لم تكن وزترة التربية والتعليم الأردنية تجري مقابلات للأشخاص الذين يتقدمون الى وظيفة مشرف تروبوي، وقد أقتصرت بالنظر الى ملفاتهم الشخصية واعتمدت في تعينهم على الأقدمية وعلى مؤهلات العلمية والأكاديمية فقط.

وقد وجه النقد الى عملية اختيار المشرفين التربويين في الأردن واقترح على الوزارة أن تشترك مديرية التربية والتعليم في عملية اختيار المشرفين عن طريق

الترشيح وأن تؤلف لجنة من الوزارة لمقابلة الذين تختارهم للتعرف على شخصيتهم والتأكد من رغباتهم والا تقتصر عملية الاختيار على دراسة الملفات لأنها تعود الى اختيار غير موفق.

وفي ضوء توصيات المؤتمر الوطني الأول للتطوير وضعت مديرية التأهيل والتدريب والاشراف التربوي اعتبار من العام الدراسي 1988/1987 معيارا لاختيار المشرفين التربويين وكان أحد عناصره المقابلة الشخصية أي أن يتقدم الراغب في وظيفة مشرف تربوي الى مقابلة شخصية، تتم على النحو التالي:

بعد أن تعلن الوزارة عن حاجتها الى المشرفين التربويين، ويوزع الاعلان على الأقسام التابعة لها، وعلى مديريات التربية والتعليم بكتاب رسمي، وتحدد الشروط التى يحق لكل من تنطبق عليه أن يتقدم بطلب الانتقال لوظيفة مشرف تربوي وهذه الشروط هي:

1. الدرجة الجامعية الأولى.

2. خبره في التعليم لا تقل عن 10 سنوات دراسية.

3. دبلوم في أساليب التدريس أو الاشراف مرحليا.

4. ما جستير في التربية وفق خطة التأهيل.

ثم يتقدم هؤلاء الأشخاص بطلبات الانتقال الى مديريات التربية التابعين لها وتتألف في كل مديرية لجنة مقابلة من مدير التربية والتعليم رئيسا، والمدير الفني، ورئيس قسم الاشراف، ومشرف البحث في المديرية أعضاء لمقابلة المتقدمين للترشيح في المديرية.

كما حدد القانون رقم 3 لسنة (1994) قانون التربية والتعليم الشروط الواجب توافرها فيمن يتقدم لوظيفة مشرف تربوي ومن هذه الشروط:

1. أن يكون مؤهلا للتعليم في المرحلة التي يعمل بها وأن يكون ذا خبره في التعليم والادارة المدرسية لا تقل عن خمس سنوات.

2. أن يكون حاصلا على الدرجة الجامعية الثانية (ما جستير).

3. يجوز الاكتفاء بمؤهل تربوي لا تقل مده دراسته عن سنة دراسية واحده بعد الدرجة الجامعية الأولى وبخبره لا تقل عن 10 سنوات.

انطلاقا من قانون التربية والتعليم والشروط التي وضعها، فانه يتم تعيين المشرفين التربويين وفقا للآتي:

الفئة الأولى: يتقدم حملة الدرجة الجامعة الثانية (الماجستير) فما فوق، وذلك وفق الشروط الآتية:

— أن يكون ذا خبره في التعليم أو الادارة المدرسية مده لا تقل عن خمسة سنوات.

— أن يكون حاصلا على أحد الؤهلات الآتية:

شهادة الماجستير أو الدكتوراه في التربية.

شهادة الماجستير أو الدكتوراه في التخصيص مؤهل تربوي لا تقل مدة الدراسة فيه عن سنة دراسية واحدة.

الفئة الثانية: عند الضرورة، يتقدم حملة الدرجة الجامعية الأولى وذلك وفق الشروط الآتية.

- أن يكون ذا خبرة في التعليم أو الادارة المدرسية مدة ى تقل عن عشرة سنوات.

- أن يكون حاصلا على مؤهلات تربوي لا تقل مدة الدراسة فيه عن سنة دراسية واحدة بعد الحصول على الدرجة الجامعية الأولى.

- أن لا يقل تقدير المتقدم في تقريره السنوي عن جيد جدا في كل من السنتين الأخيرتين.

- أن يكون المتقدم لوظيفة قد درس في المرحلة الأساسية العليا والثانوية مـده لا تقل عن خمس سنوات منها سنة دراسية واحدة على الأقل في المرحلة الثانوية.

- أن يكون المتقدم لوظيفة مشرف مرحلة قد درس خمس سنوات كمعلم صـف، ومـن ذوي التخصصـات التاليـة: التربيـة الابتدائيـة، التربيـة الاسـلامية، اللغـة الانجليزية، واللغة العربية، العلوم، الرياضيات، التربية الاجتماعية.

- أن يكون المتقدم لوظيفة مشرف تربية مهنية وفق الأولية في الترتيب مـن ذوي التخصصات المهنية.

ب. أسس اختيار المشرفين التربويين:

حددت القانون رقم (3) لعام 1994 أسس اختيار المشرفين التربويين على النحو الآتي:

- المجموع الكلي للعلامة التنافسية التي حصـل عليهـا المتقـدم وفقـا للمعـايير السـابقة وتكون الأولية لصاحب المجموعـة الأعلى مـن بـين مجموعـة المتقدمين لشـغر منصـب مشرف تربوي.

- عند تساوي أكثر من متقدم في مجموع العلامة التنافسية تكون لـه الأولويـة لصـاحب الأقدمية في المعايير الآتية:

  * الخدمة الفعلية في الوزارة.

  * الدرجة الجامعية.

  * سنة الحصول على الدرجة الجامعية الأولى.

- أما في مجال الاشراف على الصفوف الأساسية من الصف (1-3)، تطبيق الأسس السـابقة وفي حالة التساوي ينظر الى التخصص العلمي وتكوين الأولوية.

د. اجراءات التعيين:

في المديريات المفردة في المحافظات تتم على النحو التالي:

- تقوم مديرات التربية والتعليم في المحافظات بتزويـد وزارة التربيـة والتعلـيم بالأمـاكن الشاغرة للاشراف التربوي فيها في ضوء الاحتياجات المقررة لها عند طلب الوزارة.

- تعلن وزارة التربية والتعيم عن الماكن الشاغرة للاشراف في الأردن.

- تزويد مديريات التربية والتعليم الـراغبين في التقدم لوظيفـة مشرف تربوي بطلبـات التعيين في وظيفة مشرف تربوي.

وتقوم مديريات التربية والتعليم بالاجراءات التالية:

- تتلقى طلبات المتقدمين للتعيين في وظيفة مشرف تربوي والتأكد من انطباق الشروط وصحة المعلومات.

- احتساب علامات المتقدمين وفقا للمعايير المعتمدة.

- مقابلة جميع المتقدمين من قبل لجنـة المقابلـة والتنسـيق المكونة مـن: مـدير التربيـة والتعليم، ومدير الشئون التعليمية والفنية، ورئيس قسم التأهيـل والتـدريب والاشراف التربوي، ورئيس قسم التعليم المهني في حالة مقابلة مشرف التربية المهنية.

- احتساب علامة المقابلة.

تنظيم كل مديرية تربية وتعليم أسماء المتقدمين والعلامات التي حصلوا عليهـا، والمجموعـة النهائي لكل منهم مرتبا ترتيبا تنازليا.

ه. دور وزارة التربية والتعليم في اختيار المشرفين:

1. تشكل لجنة مقابلة في الوزارة تتكون من:

مدير عام التدريب والتأهيل والاشراف التربوي رئيسا.

مدير الاشراف التربوي.

مدير شئون الموظفين.

مدير التخطيط التربوي.

رئيس قسم التعليم المهني أو التربية المهنية المعنى في مديرية التعليم المهني.

من خلال استعراض أسس اختيار المشرفين التربويين نلاحظ أنه قد حـدث تطور كبـير عـلى معايير الاختيار ولا يحكم الوزارة قانون مكتوب وكان العرف السـائد عـدم وجود معـايير مكتوبـة وتعتمد المؤهلات التالية لتعيين المفتشين على مستوى الوزارة.

— المؤهل الجامعي والتربوي.

— الخبرة التربوية.

— الصفات الشخصية كالنزاهة والأمانة والحماس للعمل.

مهام الاشراف التربوي في الاردن:

ويتمثل ذلك في مجموع من المهام والفعاليات التربوية بأسلوب تعـاوني مـع مـدير المدرسـة والعاملين بها ضمن المجالات الآتية.

1. مجالات التخطيط:

1. إعداد الخطة الفصلية السنوية.

2. التعاون مع المعلمين في اعداد خططهم التدريسية ومذكرات تحضير الدروس.

3. إعداد خطط تطويرية ومتابعتها وتقويمها لغايات التطوير الـذاتي للمدرسـة في ضـوء إمكاناتها ومواردها المادية والبشرية.

4. المساعدة في تقديم التسهيلات التي تحقق أهداف الخطة بالتنسيق والتعاون مع الفنيـين في المديرية وتقديم بدائل مناسبة ضمن إمكانات المدرسة.

ب. مجال التنمية المهنية للمعلمين :

– الكشف على احتياجات المعلمين المهنية والأكاديمية بأساليب متعددة مثل الاستبيان، اللقاءات والحوارات المباشرة مع المعلمين والزيارات الصفية للمعلمين مع مدير المدرسة.

– تحديد الاحتياجات المهنية والكاديمية وتصنيفها وتحديد أفضل الأساليب لتلبيتها مثل: ندوة، درس طبيعي، الزيارات المتبادلة، النشرات التربوية، الزيارات للمشرف المختص، الدورة التدريبية.

– حضور اجتماعات هيئات التدريس وعقد الندوات الدورية واللقاءات المفتوحة.

– نقل الخبرات والتجارب التربوية الناجحة بين مجموعة المدارس التي يعمل بها.

– عقد ندوات ولقاءات تربوية لمديري المدارس التي يعمل بهدف تبادل الخبرات والتجارب التربوية.

– القيام ببحوث إجرائية تعاونية مع المعلمين أو مديري المدارس والعمل على نشر الروح البحثية والتجريبية بين المعلمين والمدارس التي يعمل معها.

– التعاون مع مجموعه المديرين في المدارس التي يعمل معها على برامج تدريبية عامة مثل: تطوير البيئة التعليمية، الادارية الصفية، أساليب التدريس.

– الاشراف التربوي على جميع المعلمين في اطار تخصصهم.

جـ. في مجال القياس والاختيارات المدرسية:

– التعاون مع مدير المدرسة في تطوير إجراءات وأساليب الاختيارات التحصيلية.

– تحليل نتائج الاختبارات الفصلية والسنوية ووضع الخطط العلاجية في.

مهام مدير المدرسة كمشرف تربوي مقيم:

تتعدد المهامات الاشرافية لمدير المدرسة الذي ينبغي أن يسعى جاهدا الى تحسين وتطوير وتنمية العملية التعليمية باعتباره مشرفا تربويا مقيما، ويمكن تصنيف المهام الاشرافي لمدير المدرسة كما يلي:

1. تنمية المعلمين مهنيا:

ويتم تحقيقها عن طريق ما يلي:

1. دراسة سجلات المعلمين التراكيمة.

2. جراسة التقارير الاشرافية السابقة بأنواعها.

3. زيارة المعلمين في الصفوف.

4. استخدام صحائف الأعمال.

5. والاسترشاد بـآراء المشرفين التربويين، وكذلك الاجتماعات الفردية والـدروس التوضيحية والورش التربوية التي تؤدي للارتقاء بمستوى المعلم.

6. توظيف أساليب وأدوات التـدريب والنمـو المهنـي المتاحـة في ضوء الامكانات المتوفرة.

7. إيجاد نظام للتقويم المستمر لعمل المعلمين ومتابعتهم.

ب. اثراء المنهج الدراسي وتحسين تنفيذه:

ويتم من خلال ما يلي:

1. دراسة واقع المناهج الدراسية عـن طريق الاطلاع عـلى المناهج المقررة بجميـع عناصرها في ضوء المستجدات التربوية.

2. تحديد عناصر المنهج السنوي ودراسة أهدافه.

3. تشكيل اللجان الخاصة بتنفيذ الدراسات والبحوث.

4. وضع برنامج وخطة عمل لمتابعة أعمال اللجان.

5. دراسة وتحديد احتياجات المنهج التربوي المدرسي المقرر ومشكلاته.

6. وضع البرنامج لتلبية احتياجات المنهج وإثرائه وتحسين الدراسة والامكانات المتاحة.

جـ القيام بدراسات وبحوث إجرائية لتحسين العمل:

وتتم عن طريق ما يلي:

1. دراسة خطط المعلمين وتحفيزهم.

2. توزيع نشره وتربوية على المعلمين ذات علاقة بالتخطيط ودراستها.

3. الاجتماع مع المعلمين أصحاب الحاجة لمناقشة وتحليل النشرة التربوية.

4. زيارات صفية للمتابعة ومتابعة سجلات التخطيط.

د. العمل على توفير فرص النمو المتكامل:

بتوفير ما يلي:

1. تحديد حاجات المعلمين ومشكلاتهم باستخدام الأساليب والتقنيات وتصنيفها حسب أهميتها.

2. تحديد الدوات والأساليب والتقنيات المناسبة بدراسة المشكلات.

3. تشكيل لجنة تتولى دراسة مشكلات التلاميذ.

4. توفير المستلزمات المادية والبشرية اللازمة لتسهيل الدراسة.

5. الاشراف على تنفيذ نشاطات اللجان ومتابعتها وتقويمها والتقرير عن نتائج الدراسة وتوثيقها.

هـ العمل على تحسين وتطوير أساليب وأدوات القياس والتقويم.

ويتم من خلال ما يلي:

1. توفر أدوات الفردي والجماعي.
2. وضع جدول برنامج لتقويم عمل العاملين ومتابعتهم.
3. تزويد المعلمين بتغذية راجعة.
4. دراسة تحليلية لواقع الأساليب وأدوات القياس المختلفة تقوم بها لجان متخصصة.
5. وضع حطة لتحسين وتطوير أساليب القياس والتقويم في ضوء نتائج الدراسة والتحليل.
6. توفير التسهيلات المادية والبشرية اللازمة لتنفيذ خطة التحسين في أساليب وأدوات القياس والتقويم.
7. الاشراف على تنفيذ أساليب القياس والتقويم وأدواتها وتقويمها ومتابعتها وكتابه التقارير وتوثيق النتائج.

مهام المعلم كمشرف تربوي:

لما كانت المدرسة هي الميدان الحقيقي للاشراف التربوي لأنها الميدان الطبيعي للتعليم وتحسين عمليات التعلم لذلك يعتبر المعلم مركز العمليات الاشرافية التي تستهدف تحسين التعليم والتي لا تتحقق أغراضها الا إذا كان المعلم هو قائد هذه الجهود ومنسقها ومنفذ نتائجها ومقوم آثارها، فالمعلم له دور بارز في الاشراف التربوي وهو يعتبر طرفا مشاركا في تحقيق أهدافه، وذلك من خلال الممارسات التالية:

- المساهمة في تحديد المشكلات التعليمية واقتراح الحلول لها.
- جمع المعلومات والبيانات عن حاجات الطلاب ومشكلاتهم.
- دراسة صعوبات عملية التعلم المرتبطة بالمنهج وطرق التدريس وظروف المتعلم وبيئة المعلم.

– تهيئة الظروف المناسبة لتطبيق وتجريب بعض الأفكار والاقتراحات والأساليب.

– إنتاج الأدوات والوسائل وإعداد التقارير والأبحاث.

– تنظيم عملية اتصال المدرسة بالمؤسسات التربوية والاجتماعية والبيئة المحيطة بالمدرسة.

– المشاركة في إعداد خطة الاشراف وتنفيذ استراتيجيتها وتقويمها.

أساليب الاشراف التربوي في الاردن:

تطورت أساليب الاشراف التربوي في الاردن تطورا يتناسب مع التطور الذي طرأ على مفاهيمه ففي الوقت الذي كان الاشراف تفتيشا يهدف الى تقصي- وتصيد أخطاء المعلمين ومراقبتهم، عنه يحدد في ضوئه مستقبل المعلم ومصيره، وعندما تغير مفهوم الاشراف التربوي، وأصبح من الضروري أن تتغير أساليب الاشراف وطرائقه فمع تطور مفاهيم التربية وانتشار الأفكار الديمقراطية والتأكيد على قيمة الانسان وقدرته في تطور مفهوم الاشراف ليصبح عملية تربوية فنية تعاونية وابتكرت أساليب حديثة الهدف منها التعاون الايجابي بين جميع من يعينهم أمر التربية، فظهرت المشاغل التربوية والمؤتمرات التربوية والحلقات الدراسية الى غير ذلك من الأساليب الحديثة، مما أسهم في رفع مستوى العلمين في الأردن، وأهم الأساليب هي:

1. **الزيارة الصفية:**

ما تزال الزيارة الصفية هي الأسلوب الرئيسي الذي يستخدمه المشرفون التربويون في المملكة الأردنية.

1. أهداف الزيارة:

ومن أهم أهداف الزيارة الصفية ما يلي:

– ملاحظة المواقف التعليمية بشكل مباشر على الطبيعة.

- الوقوف الفعلي على مدى تطبيق المعلم للمنهج.
- الوقوف على حاجات الطلاب والمعلمين الفعلية للتخطيط لتلبيتها.
- تقويم مدى تنفيذ المعلم لما اتفقوا عليه مع مدير المدرسة.
- جمع معلومات أساسية عن المشكلات التعليمية المشتركة للطلاب.
- ملاحظة مدى تقويم الطلاب وتفاعلهم مع المعلم.

2. أنواع الزيارة الصفية:

ويمكن تصنيف الزيارات الى أربع أنواع هي:

الزيارة المفاجئة: ويتناقض هذا النوع من الزيارات مع المفهوم الحديث للاشراف التربوي الذي يؤكد على أهمية التخطيط المشترك والتعاون بين المشرف والمعلم.

الزيارات المتفق عليها: وهي التي يتم تحديد أهدافها وموعدها بين المعلم والمدير وهي من أكثر أنواع الزيارات انسجاما مع مفهوم الاشراف التربوي الحديث.

الزيارات القائمة على دعوه المعلم للمدير أو الاشراف: وهي التي تتم عندما يشعر المعلم بحاجة الى مساعدة المشرف لحل مشكلة ما كما أن بعض نشاطاتهم ومواقف أبداعهم وانتشر هذا النوع من الزيارات نتيجة تحسن العلاقات بين المعلم والمشرف التربوي.

تبادل الزيارات الصفية:

- الاطلاع على مهارات الزملاء من المدرسين مثل: مهارة تنويع الأسئلة ومهارة استخدام السبورة.
- الاطلاع على الأنشطة التي يمارسها المعلمون والطلاب والتجديدات والتجارب الجديدة.
- التعرف على كيفية تطبيق واستخدام الأساليب والوسائل التربوية.

- تقريب وجهات النظر معلمي التخصص الواحد والمعلمين بوجه عام.
- الوقوف بشكل مباشر على نواحي الضعف والقوة في المنهج والأهداف التربوية.
- مقارنة مدى تفاعل الطلاب في الصفوف مع المعلم.
- تعميق فهم المعلمين واحترام بعضهم لبعض.

ب. البحث الاجرائي التعاوني:

والبحث الاجرائي التعاوني هو نشاط اشرافي تعاوني يهدف الى تطوير العملية التعليمية وتلبية الحاجات المختلفة لأطراف هذه العملية والمعلمين بوجه خاص من خلال المعالجة العلمية الموضوعية للمشكلات المباشرة التي يواجهها وهذا الأسلوب يحتاج الى خبره خاصة وتدريب كما يساعد على أثاره دافعية المعلمين للتجريب والبحث ويجب ألا يغفل المشرف أهمية تشجبع المعلم المتحمس والقادر على القيام ببحث فردي.

1. أهداف البحث الاجرائي التعاوني:

ومن أهم أهداف هذا النوع من الاشراف:

- تدريب المعلمين على استخدام الأساليب العلمية في التفكير وحل المشكلات.
- تعزيز التعاون في البحوث التعاونية التي تهدف الى رفع مستوى العملية التعليمية.
- تشجيع المعلمين على الاستجابة للتغير في أساليبهم وممارساته.
- الحصول على نتائج يمكن استغلال وممارستها.

2. خطوات البحث الاجرائي التعاوني:

من أهم خطوات البحث الاجرائي ما يلي:

- اختيار وتحديد المشكلات وتكون هذه المشكلة من المشكلات الواقعية التي يواجهها المعلم أو الطلب.

- وصف الواقع الحالي والعوامل المؤثرة فيه.

- تصور ما يجب أن يكون عليه هذا الواقع.

- اقتراح الحلول للمشكلة ويتم في هذه الخطوة وضع فرض أو أكثر للحل.

- اختيار صحة الفروض من خلال أساليب الاختيار والتجريب اللازمة.

- استخلاص النتائج ويتم ذلك بعد تبويب وتصنيف وتحليل المعلومات التي تم جمعها.

جـ النشرات الاشرافية:

النشرة الاشرافية هي وسيلة اتصال مكتوبة بين المشرف والمعلم يستطيع المشرف من خلالها أن ينقل الى المعلمين خلاصة قراءاته ومقترحاته ومشاهداته.

1. أهداف النشرات الاشرافية:

2. تهدف النشرات الاشرافية الى تحقيق ما يلي:

- تساعد على توثيق الصلة بين المشرف والمعلمين.

- تخدم أعداد كبيره من المعلمين في أماكن متباعدة.

- توفر للمعلمين مصدرا مكتوبا يمكن الرجوع إلأيه عند الحاجة ومحاكاته.

- تعرف المعلمين ببعض الأفكار والممارسات والاتجاهات التربوية الحديثة على المستوي المحلي والعالمي.

- تثير بعض المشكلات التعليمية وتحث المعلمين على التفكير فيها واقتراح الحلول الملائمة لها.

- تساعد في تقديم الخبرات المتميزة التي يشاهدها خلال نشاطاته الاشرافية المختلفة.

- تزويد المعلمين بإحصاءات ومعلومات ووسائل تعليمية حديثة تتعلق بمادة تخصصه.

3. شروط النشرات الاشرافية:

- أن تكون لغتها سهلة، وواضحة وسليمة.
- أن تتضمن الأهداف المتوقع تحقيقها.
- أن تتناول موضوعا رئيسا واحدا بحيث يلبي حاجة مهمة لدى المعلمين.
- أن تكون المعلمون واضحة والحقائق التي تتضمنها دقيقة وحديثة.
- أن تكون عملية من حيث طولها ومن حيث المقترحات التي تتضمنها.
- أن تثير دافعية المعلم لنقد ما يقرأ.
- أن يتناسب توقيت إرسالها مع ظروف المعمين المدرسية والخاصة.

د. الاجتماعات:

تعتبر أحد الأساليب الاشرافية الفاعلية إذا أحسن تنظيمها والتخطيط لها والاشراف على تنفيذها وتقويمها ومتابعة نتائجها، كما يقصد بالاجتماعات واللقاءات التي يعقدها القائد التربوي مع مدرسين يدرسون مادة رئيسية معينة في مدارس متعددة أو التي يعقدها مع جماعات المدرسين والآباء ومن هذه الاجتماعات ما يلي:

1. اجتماعات الهيئة التدريسية: " مجلس المعلمين":

حيث يقوم القائد التربوي بالتخطيط لعقد اجتماعات الهيئة التدريسية أو مجلس المعلمين بهدف مناقشة القضايا التربوية المتعلقة بسياسة المدرسة وتوضيحها للمدرسين أو اشراك المدرسين في وضعها، وغالبا ما يقوم مدير المدرسة بعقد مثل هذه الاجتماعات في فترات دورية محددة أو وقت الحاجة كما تعالج هذه المجالس المور التالية:

- مناقشة سياسة المدرسة وأنظمتها وتعليماتها.
- مناقشة خطة مدير المدرسة وأدوار المعلمين في تنفيذها.
- مناقشة خطط المدرسين وأساليبهم.
- مناقشة قضايا الطلاب.
- مناقشة أفكار حديثة في الكتب والأبحاث أو التقارير.
- مناقشة التقارير التي تقدمها اللجان المختلفة.

2. الاجتماعات الفردية:

وهي تعني تلك الاجتماعات التي يعقدها المدير أو المشرف التربوي مع أحد المعلمين الذين يعانون من مشكلة تربوية محددة وخاصة به كما قد يأتي طلب عقد هذه الاجتماع من المعلم، ومن أجل نجاح هذا الاجتماع لا بد من التخطيط له من حيث تحديد أهدافه وزمانه زمكانه بالإضافة الى الحرص على إتاحة فرص الحوار البناء بين الطرفين من أجل الوصول الى تحليل المشكلة والتعرف على أبعادها، واقتراح الحلول لها والاتفاق على خطة تطبيق وتجريب هذه الحلول، ويقاس نجاح هذا الاجتماع بقدرة المدير أو المشرف على مساعدة المعلم في تحديد مشكلته وتحليلها وإيجاد الحلول لها.

3. الاجتماعات الجماعية:

يعقد هذا الاجتماع عندما تتطلب الحاجة الدعوة الى عقد اجتماع إشرافي عام لجميع المعلمين في المدرسة بغية تقديم خدمة إشرافية لهم جميعا، كمناقشة مشكلة مهنية عامة، كالتخطيط للتدريس، أو أساليب بناء الاختيارات، أو طرق تحليل نتائج هذه الاختيارات ويتوقف نجاح هذه الاجتماعات على عدة شروط منها:

- تحديد أهداف الاجتماع وتوضيحها لجميع المشاركين فيها.

- إعداد ورقة عمل تشتمل على جداول أعمال الاجتماع وتوزيع الأدوار والمسئوليات بين المشاركين.
- توفير المصادر المرجعية اللازمة للموضوع.
- قيادة الاجتماع قيادة ديمقراطية حكيمة لتحقيق أهدافه.
- التوصل الى قرارات حكيمة في الاجتماع.
- تنظيم برنامج لمتابعة نتائج الاجتماع.

تدريب المشرفين التربويين:

لقد أصبح التدريب أحد العوامل الأساسية لتنمية الطاقات البشرية ولذا تتسابق كل المؤسسات في انشاء مديريات أو أقسام التدريب التي تضطلع بمستويات التدريب باعتباره عملية منظمة تكسب الفرد معرفة أو مهارة أو قدرة أو أفكار أو أراء لأداء عمل معين.

وقد شعرت وزارة التربية والتعليم في الأردن بضرورة إعادة النظر في أهدافها ووسائلها وطرائقها في ضوء المستجدات المختلفة ووجدت نفسها مدفوعة الى تحديد الاحتياجات التدريبية للعاملين فيها، ومن بينهم المشرفين التربويين، فقد أدى التوسع في التعليم الى أن حظي الاشراف التربوي باهتمام واسع في مجال التدريب، وحرصا من وارة التربية التعلمي في الأردن على تحسين أداء العاملين في مجال التعليم التربوي سعت الوزارة الى التعاون مع عدد من المؤسسات العربية والدولية والأجنبية التي تساهم مع الوزارة في مجال التدريب عموما وتدريب المشرفين التربويين في الأردن بوجه خاص ومن هذه المؤسسات:

1. الوكالة البريطانية للتدريب فيما وراء البحار:

تناول التعاون ثلاث مجالات هي:

- رفع كفاءة العاملين في مراكز التدريب والعاملين في الميدان في كتابة المواد التدريبية وإعدادها.

- زيادة فعالية التدريب والتعليم على مستوى المدرسة من خلال مشروع المدارس المتعانة.
- إعداد الأطر الفنية التربوية في مجال تطوير القيادات المختلفة التي ينفذها مكز التدريب.

ب. الوكالة الألمانية للتعاون الفني:

وتم التعاون معها في المجالات الآتية:

- تدريب معلمي ومشرفي العلوم على استخدام الأجهزة الحديثة.
- انتاج أدلة مرتبطة بالمناهج والكتب المدرسية الجديدة.
- تزويد المركز والمديريات بخمس وعشرين مجموعة متكاملة من الأدوات والمواد اللازمة لمرحلة التعليم الأساسي.

جـ. منظمة اليونسيف:

وتم التعاون معها في المجالات الآتية:

- إنتاج دليل مرجعي للتدريب على تنمية التفكير ومراعاة الفروق الفردية والتعلم بالعمل.
- عقد دورات وإنتاج مواد تعليمية وتدريبية في مجال التنمية الشاملة.
- عقد دورات في مجال إدارة الطوارئ والازمات المدرسية.
- عقد مؤتمر تدريب عالي الكفاءة والفعالية.

د. أساليب تدريب المشرفين التربويين:

هناك مجموعة من الأساليب التي يتم استخدمها عند تدريب المشرفين التربويين في العديد من المجالات وهذه الأساليب هي:

1. التدريب المباشر:

وفيه يلتقي المدربون والمتدربون وجها لوجه ومن هذه الأساليب:

- المحاضرة، المناقشة، لعب الأدوار، المحاكاة، والندوات.

— اللقاءات الفردية والجماعية.

— المشاغل التربوية التدريبية.

— العروض التوضيحية والمصورة.

2. التدريب غير المباشر:

3. ويكلف المتدرب في هذا النوع من التدريب بإنجاز مهمة معينة بشكل ذاتي وهو في مكان عمله في فترات متباعدة ومن الأساليب التدريبية التي تستخدم في التدريب غير المباشر:

— المواد التعليمية المكتوبة أوراق العمل والحقائب التدريبية والرزم التعليمية.

— المواد التعليمية المسموعة والمرئية مثل أشرطة الفيديو والمسجل الصوتي، وبرامج الحاسب الآلي.

— البحوث الاجرائية والمعامل التربوية والتقارير.

هـ مجالات عمل المشرف التربوي:

الكشرف قائد تربوي يسعى بالتعاون مع جميع من لهم علاقة بالعملية التعليمية الى تحسينها وتطويرها، ويتطلب هذا الدور أن يعمل المشرف في مجالات متعددة ومتشعبة ومع أنه يصعب في كثير من الأحيان تحديد مهمات ووظائف دقيقة واضحة لعمله الاشرافي.

1. التخطيط:

ويقوم المشرف من خلال التخطيط بما يلي:

— أن يعد المشرف التربوي خطة لعمله بالتعاون مع المعلمين والأطراف الأخرى التي لها علاقة بالعملية التعليمية.

— أن يتعرف على حاجات المعلمين الذين يشرف عليهم.

- يساعد مدير المدرسة في إعداد خطة إشرافية لمدرسته وفي توزيع الحصص بين معلميه.
- يساعد المعلم في اعداد خطط تدريسه.

2. **المناهج:**

ولتحقيق الهدف من المنهج يتبع المشرف ما يلي:

- يشارك المشرف التربوي في اعداد المناهج وتقويمها.
- يوضح الأهداف ويحددها بالتعاون مع المعلمين.
- يكتب ارشادات لتطبيق المناهج، ويناقشها مع المعلمين.

3. **التعليم:**

- أن يحدد المشرف التربوي مصادر المعلومات عن المواد التعليمية.
- أن يعرض وينفذ مواد تعليمية واستيراتيجيات تدريسيه جديدة.
- أن يتابع الأنشطة التعليمية ببحثه والاشتراك في تنفيذها.
- أن يساعد في تطوير أساليب التدريس المتبعة في المدارس التي يشرف عليها.

4. **النمو المهني:**

ولتحقيق النمو المهني للمعلمين يقوم المشرف بما يلي:

- يطلع المشرف التربوي على أحدث المعلومات والأساليب في مجاله.
- يوصل المعلومات الحديثة للمعلمين بأساليب الاشراف المختلفة.
- يتبادل مع المعلمين الخبرات المهنية.

5. **الاختبارات:**

ومن الوسائل تحقيقها:

- أن يقوم المشرف التربوي بإجراء اختبارات مختلفة.
- أن يفسر نتائج الاختبارات.

– أن يقدم اقتراحات بشأن تحسين الاختبرات.

6.   الادارة:

ويقوم المشرف التربوي بدوره في تحقيق الادارة المدرسية الفعالة من خلال:

– يتأكد المشرف التربوي من فعالية التسهيلات المتاحة في المدرسة.

– يقدم المشرف اقتراحات حول تحديد مراكز المعلمين القدامي والجدد.

– يشارك في تقويم أعمال المعلمين وتقديراتهم السنوية.

7.   إدارة الصفوف:

يساعد المشرف التربوي في نجاح إدارة الصفوف من خلال ما يلي:

– يقوم المشرف التربوي بتقويم المعلم داخل غرفة الصف.

– يقوم المشرف التربوي التوصيات المبينة على ملاحظاته أثناء الزيارة.

– يقدم المشرف التربوي مقترحات للمعلم حول مشكلات الضبط والنظام داخل الصف.

8.   العلاقة مع الزملاء والمجتمع:

ومن الوسائل تحقيقها:

– يبني المشرف التربوي علاقات إنسانية مـع المعلمـين والمـديرين، ويعمـل معهـم بـروح الفريق.

– يشارك المشرف التربوي في توثيـق الصـلة بـين المدرسـة والمجتمـع مـن خلال نشاطات مجالس الآباء.

– يساعد المشرف في توفير المواد والوسائل التعليمية.

– يقوم المشرف بمتابعة العملية التعليمية.

المراجع

- أيزابيل فيفر، جين دنلاب (1997): الاشراف التربـوي عـلى المعلمـين، ترجمـة/ محمـد عيـد ديراني، ط2، روائع مجدلاوي، الاردن.

- تيسير الدويك وآخرون (1998): أسـس الادارة التربويـة والمدرسية والاشراف التربـوي، دار الفكر للطباعة والنشر والتوزيع، عمان، الاردن.

- جيرى ل. جبراى(1998): الاشراف" مدخل علم السـلوك التطبيقـي لادارة النـاس"، ترجمـة، وليد عبد اللطيف هوانه، إدارة البحوث، معهد الادارة العامة، السعودية.

- فيصل عبد اللـه بابكر (1999): مهـارات الاشراف الاداري الفعـال، دار قابس للطباعـة والنشر والتوزيع، بيروت، لبنان.

- محمد حسن العمايرة (1997): التربية والتعليم في الاردن منذ العهد العثماني حتى 1997، دار المسيرة للنشر والتوزيع والطباعة، عمان، الاردن.

- محمـد حسـن العمايـرة (1999): مبـادئ الادارة المدرسية، دار المسـيرة للنشر والتوزيـع والطباعة، عمان، الاردن.

- محمد عبدالرحيم عدس وآخرون (1986): الادارة والاشراف التربوي، دار الايمان، عمان.

- محمد عليان عليمان (1991): الاتجاهـات الحديثـة في التعليم والتـدريب، دار الخوجـا، عمان، الاردن.

- محمود طافش (1988): قضايا في الاشراف التربوي، دار البشير للنشر والتوزيع، عمان.

- المملكة الاردنية الهاشمية " وزارة التربية والتعليم" (1999): المنحنى التكـاملي للاشراف التربوي والادارة المدرسية " المهام والتنظيم وآليات التنفيذ"، عمان ، الاردن.

- يعقوب نشوان (1986): الادارة والاشراف التربوي، دار الكتاب الجامعي، الامارات.